VOYAGE

AUX

VILLES MAUDITES

IMPRIMERIE DE PILLET FILS AINÉ,

rue des Grands-Augustins, 5.

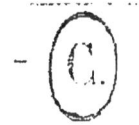

VOYAGE
AUX
VILLES MAUDITES

SODOME. — GOMORRHE. — SEBOIM
ADAMA. — ZOAR.

PAR

ÉDOUARD DELESSERT

SUIVI

DE NOTES SCIENTIFIQUES ET D'UNE CARTE

PAR M. F. DE SAULCY
Membre de l'Institut, etc.

PARIS
VICTOR LECOU, LIBRAIRE-ÉDITEUR
10, RUE DU BOULOI

1853

AVIS DE L'AUTEUR.

Des retards indépendants de la volonté de mon ami, M. de Saulcy, ayant empêché jusqu'ici la publication de son journal de voyage dont j'ai parlé plusieurs fois dans le courant de ma propre narration, il m'a lui-même prié d'insérer dans ma nouvelle édition quelques notes scientifiques qu'on trouvera à la fin du livre, accompagnées d'une réduction de la carte qu'il a levée pendant notre expédition sur les rives occidentale et orientale de la mer Morte.

VOYAGE
AUX
VILLES MAUDITES

SODOME.—GOMORRHE.—SÉBOIM.
ADAMA.—ZOAR.

> O quid solutis est beatius curis ?
> Quum mens onus reponit, ac peregrino
> Labore fessi, venimus larem ad nostrum,
> Desideratoque adquiescimus lecto.
> CATULLUS

A MADAME ***.

Oui, madame, c'est une douce chose de retrouver, après huit mois d'absence, son appartement en bon ordre, de revoir à leur place ses pantoufles et sa robe de chambre, de rentrer dans une atmosphère connue, et de penser qu'on va coucher dans un lit confortable; mais je ne puis vous dire combien, lorsque ce premier élan d'amour domestique est un peu apaisé, on se sent pris de souvenirs vifs et poignants des endroits qu'on a visités, au milieu des dangers et des fatigues, et combien on les regrette : cette réflexion, je l'ai faite encore bien loin de mon intérieur et de ma famille; c'était en voyant s'éloigner derrière le sillage du *Caire* la côte de Malte, et disparaître, dans un horizon déjà gris, les murailles prosaïques de ses fortifications aujourd'hui anglaises. Appuyés avec Saulcy contre un bastingage, nous regardions le ciel nuageux et obscur. Nous étions silencieux, ce qui nous arrivait rarement : non pas que nous eussions à ce moment des idées poétiques, et je ne dis pas ceci par parti pris, c'est un pur mouvement de triste franchise, mais c'est que nous faisions ensemble intérieurement la réflexion suivante : « Je suis bien fâché d'avoir quitté la Syrie; le ciel y était plus beau. » Cette réflexion fut bientôt après exprimée par mon ami qui me dit paisiblement :

« Il fait froid sur le pont. Quel vilain climat ! Je descends dans la cabine, viens-tu ? »

Voilà comment, pour la première fois, j'ai regretté la Syrie et pourquoi je veux me la rappeler en vous en parlant un peu. Mais pour ne pas vous ennuyer de lieux communs qui ne m'amuseraient guère moi-même à écrire, je vous dirai que je vous raconterai seulement la partie la plus piquante de nos lointaines aventures en vous initiant à notre existence pendant vingt et un jours sur les bords de la mer Morte ; car vous savez que nous avons réussi à en faire le tour, ce qui n'avait jamais été fait avant nous d'une façon aussi complète.

Vous avez peut-être lu un article qui a paru je ne sais où, d'un M. ***, qui a raconté une course faite par lui à la mer Morte; scientifiquement parlant, il n'a pas vu grand'chose, il n'a même rien vu du tout, mais il raconte son excursion avec tant de bonhomie et de simplicité, que sa franchise rend son récit très-attachant. Je voudrais bien qu'il en fût de même pour le mien, et je vais vous mettre sous les yeux un vrai journal, un journal d'enfant que vous lirez peut-être tout entier, parce que vous me voulez du bien, mais dont vous êtes priée de sauter impitoyablement les passages qui vous paraîtront trop ennuyeux.

Nous étions à Jérusalem depuis huit jours, pris par les pluies et dans l'impossibilité de bouger de l'auberge de M. Meshulam, infâme maison s'il en fut jamais. Le vent y entrait par tous les côtés; le matin, quand nous nous réveillions, nous avions le visage revêtu d'une couche de salpêtre tombé pendant la nuit du plafond, et il y faisait un froid humide et désolant. Vous savez, lorsqu'on est dans un gîte, ce qu'il y faut faire : mais le tout est de s'entendre sur le sens du mot gîte ; car il y en a où, je vous déclare que tout enfermé qu'on y soit, il devient impossible de songer : d'ailleurs, qui n'a pas vu les pluies de Jérusalem, qui se plaint de ces fines averses dont on est parfois gratifié à Paris, ne sait pas ce que c'est que pleuvoir : à Jérusalem, sauf que les baquets ne tombent pas eux-mêmes en bois et en cercles, on croirait voir tous les régiments de l'armée céleste occupés à en verser le contenu sur les malheureux prisonniers, dupes de leur confiance dans ce soleil si promis de la Syrie. Bref, il y avait quatre jours, quatre mortels jours que nous ne songions plus, que nous étions abrutis, totalement abrutis, et que notre seule ressource consistait à tourmenter le fils de notre hôte, le plus lourd petit animal que la terre ait porté. Quel passe-temps pour une expédition scientifique ! Du reste, eussions-nous revu plus tôt ce soleil tant désiré, il n'y avait pas moyen de partir pour la mer Morte, nous n'avions pas encore trouvé de scheikh qui voulût se charger de nous pendant cette longue course, et nous attendions, pour nous mettre en route, une protection quelconque qui rassurât notre conscience un peu troublée.

A notre service était un drogman que nous avions

pris par charité en Grèce, appelé André Reboul, le plus grand comme le plus bête de tous les drogmans de la Syrie. Ce pauvre homme passait son temps à nous acheter des poules et des figues à des prix très-élevés, dans la prévision de notre départ prochain, et à les revendre pour rien voyant que nous ne partions pas. Je vous dis ceci, Madame, parce que c'était encore un de nos amusements pendant notre réclusion, que de calculer à combien pourraient monter les dépenses de notre excursion, pour peu que ces achats préventifs se prolongeassent indéfiniment. Vous voyez qu'il fallait absolument partir, si nous ne voulions pas être ruinés d'avance. D'ailleurs on nous promettait sur les bords de la mer Morte un soleil éternel et une chaleur presque trop bienfaisante, mais les protections nous manquaient !

Enfin, le 4 janvier, on annonça un scheikh qui voulait bien nous prendre sous sa sauvegarde ; c'était le scheikh des Tâ'amera, tribu qui s'étend jusque vers Hébron, au sud de Jérusalem : il s'appelait Hamdan. Suivant l'usage des gens comme il faut du pays, Hamdan ôta ses bottes rouges à la porte, baisa vingt fois sa propre main en la portant ensuite à son front, s'assit, but plusieurs tasses de café, fuma autant de tchibouks, et alors seulement on put commencer à causer ; car ce sont là les préliminaires indispensables à toute conversation en Orient. Hamdan est un homme d'environ quarante-cinq ans : sa figure est on ne peut plus belle et douce ; il a une longue barbe grise, et ses yeux, cachés par des sourcils épais, sont brillants d'un feu qui donne un vif attrait à sa physionomie. Il nous dit qu'il était en relation d'amitié avec beaucoup de scheikhs des tribus qui vivent sur la rive orientale de la mer Morte, qu'il avait des aboutissants avec tous, et qu'il se chargeait de nous faire faire ce que nous voudrions, moyennant une certaine somme et des récompenses en nature, le tout quand il nous aurait ramenés sains et saufs, et il répondait de nous sur sa tête. N'eût-il pas pris cet engagement, c'était son simple intérêt de nous sortir de tout embarras, car si un malheur nous fût arrivé, l'entrée de Jérusalem lui eût été à tout jamais interdite, et, par suite, toute chance de commerce avec la ville perdue pour sa tribu. Il exigeait seulement que nous prissions avec nous une escorte de quatre hommes à pied et quatre hommes à cheval pour nous éviter des veilles et des reconnaissances. Le marché fut aussitôt conclu que proposé, et devant le consul de France, Hamdan se chargea de tous les cavaliers français et de leurs bagages. La journée se passa en préparatifs de toute nature. André racheta ses poules à un prix de plus en plus exorbitant, nous munit d'une quantité immense de provisions de toute nature et assez inutiles; nous engageâmes un cuisinier appelé Mattéo, qui devait en même temps nous servir d'interprète, et le soir nous étions en mesure.

Le 5 janvier au matin, l'hôtel de M. Meshulam était en grand émoi : on voyait dans la cour des muletiers se livrant à des disputes sans fin, distraction favorite de cette classe maudite; ceux que nous avions amenés avec nous de Beyrouth, fort mécontents de notre expédition, refusaient presque d'aller plus loin, à cause des fatigues et des privations qu'ils prévoyaient; les autres, ceux de Jérusalem, trouvaient les charges trop lourdes pour leurs bêtes : c'étaient des cris et des vociférations insupportables. Les disputes sont pour les moukres un besoin de seconde nature: ils ne peuvent rien faire sans crier, sans appeler à leur secours le prophète et perdre un temps inouï. Si l'on veut les presser par de simples encouragements, ils ne s'en hâtent pas plus; si, poussé à bout par leur nonchalance, on veut les maltraiter, alors ils pleurent, abandonnent complétement charges et mulets, et vont à vingt pas de leurs animaux et des bagages continuer leurs querelles. Ce jour de départ se passa presque en entier à prendre les derniers arrangements, et à deux heures seulement nous étions à cheval et prêts à dire adieu à Jérusalem, ne sachant pas trop si jamais nous reverrions ses murailles. Cette réflexion, au reste, ne nous vint guère, car nous avions une confiance illimitée dans notre étoile : déjà, depuis notre départ de France, nous nous étions tirés sains et saufs des mauvais pas, et d'ailleurs Hamdan avait l'air si tranquille, que nous croyions n'avoir rien à craindre : le consul de France notre ami, M. Botta, avait voulu nous accompagner jusqu'à une certaine distance de la ville, et à deux heures et demie nous étions en marche. En tête de la caravane s'avançait Hamdan, couvert de sa grande habayah rayée de noir et de blanc, la tête entourée de son joli kafieh en soie jaune et rouge, son fusil à la main et ses pistolets à la ceinture, sur une très-élégante petite jument grise marquée au poitrail d'un double signe, comme presque tous les chevaux du pays; autour de Hamdan étaient ses cavaliers et ses hommes à pied; derrière lui se tenait Saulcy sur son cheval gris, sorte de chronomètre vivant dont le pas régulier devait servir à faire la plus exacte des cartes; je venais ensuite sur le cheval alezan qui me servait depuis Beyrouth, le plus paresseux des animaux, au demeurant fort courageux et infatigable, puis nos deux compagnons de voyage Loysel et Belly, nos deux domestiques, et enfin G. de Rothschild qui nous avait rencontrés à Jérusalem, tous armés jusqu'aux dents, enfermés sur nos selles entre deux monceaux de manteaux, de fontes de pistolets, de boîtes à insectes, et ayant des tournures fort originales. Notre guide et ami, Mohammed* galopait à côté de nous, profitant des moindres endroits où le terrain devenait un peu uni, pour faire de la fantasia, plaisir bien ennuyeux à la longue et qui fatigue moins celui qui en jouit que ceux qui l'en voient jouir. Nous étions parfaitement gais et tout allait pour le mieux dans le meilleur des mondes possible. Le soleil avait enfin paru, nous nous rendions où personne n'avait encore été avant nous, et nous ne voyions de l'expédition que les apparences romanesques dont on entoure de loin ces sortes de voyages et dont le côté prosaïque vient beaucoup plus vite qu'on ne voudrait, je vous jure.

En sortant de Jérusalem, notre route nous conduisait à Beit-Lehm, au travers de cette longue plaine dont je ne vous dirai rien maintenant, puisque j'aurai à vous en parler plus tard. A quatre heures, nous passions devant le tombeau de Rachel, petit mausolée rond et entouré d'oliviers, à une demi-heure de Beit-Lehm. A cinq heures, nous étions

---

* Nous avions Mohammed à notre service depuis un mois environ.

à ce dernier endroit chez les bons moines du lieu, dans cette église où quelques jours auparavant nous étions venus assister à la solennité de Noël. Je vous donnerai peu de détails sur Beit-Lehm, ailleurs, je vous le décrirai de mon mieux : qu'il vous suffise seulement de savoir que c'est le plus singulier des villages, suspendu au flanc d'une colline fort aride, il faut l'avouer, mais dont l'aridité relève seulement le caractère. On y entre par une porte en plein cintre, et on côtoie la montagne au milieu d'une petite rue, semblable à toutes celles de ce pays, étroite, sale et bourbeuse. Ce qui console à Beit-Lehm, comme dans toutes les villes de l'Orient, c'est la variété des costumes, et surtout, ce qu'on ne voit pas souvent ailleurs, la beauté des femmes. Il y a une certaine petite fontaine, sous un toit de bois, à laquelle elles se rendent avec leurs vases placés debout sur la tête et retenus par leur main gauche, et là on voit la réunion des plus jolis visages de la terre. Nos amis Loysel et Belly, grands amateurs de la beauté au point de vue de l'art, disaient-ils (je veux bien le croire), y passèrent un bon moment et ne quittèrent ce lieu tentateur que pour venir au couvent partager l'ordinaire plus que modeste des pères qui nous donnaient l'hospitalité. J'ai oublié de vous dire qu'à notre caravane s'étaient joints pour deux jours le consul d'Autriche, M. Pizzamano, et le chancelier du consulat de France, M. Barbier, très-aimable et parfait compagnon de voyage.

Il faut que je vous expose le menu du dîner des pauvres moines : soupe à l'eau, mouton à l'eau, poulet à l'eau et un morceau de fromage. Nous faisions des mines fort piteuses, mais il y a des cas où il faut parfois parler contre ses goûts, et nous nous confondîmes en remercîments pour l'excellence du repas. Avant de nous mettre à table, nous étions montés, Saulcy et moi, sur la terrasse du couvent afin de jouir des derniers rayons du soleil couchant; et en même temps mon ami, qui n'a pas l'habitude de perdre une minute en voyage, prenait des recoupements sur tous les points du paysage qu'on découvrait depuis le couvent de Beit-Lehm; c'était cette mer Morte, dont les eaux déjà cachées par les montagnes de la Judée étaient dans l'ombre de la nuit et de la couleur la plus foncée : plus loin les montagnes arides du pays de Moab, encore éclairées par le soleil, mais éclairées de ces teintes qu'on ne connaît qu'en Orient, jaunes d'abord, puis dorées, puis roses et enfin violettes, d'un violet d'une indéfinissable douceur. Enfin, sur le premier plan nous voyions des collines complétement nues, de formes les plus bizarres, rondes, ovales, tantôt à pic, tantôt disparaissant graduellement les unes derrière les autres :

sous nos pieds s'épanouissaient, dans un petit enclos de murs dont l'église du couvent formait un des côtés, des orangers d'environ trente pieds de hauteur, couverts de fruits, et leur parfum, en montant vers nous, nous faisait oublier le froid très-vif de la soirée.

La cloche du couvent sonna alors annonçant l'heure du dîner ; je dis à Saulcy qui s'en allait émerveillé de ce coucher de soleil, en lui montrant le pays de Moab alors dans l'obscurité et en lui rappelant le mot si connu de l'ivrogne : « Voilà pourtant où nous serons dimanche ; » et l'on se mit à table.

Vous n'avez peut-être jamais passé de nuits dans un couvent, Madame, et vous ne savez pas ce qu'il s'y dit de prières et de messes pendant ces quelques heures : entre le coucher du soleil et son lever, la cloche sonna bien souvent, et chaque fois on entendait dans le corridor le pas des pauvres moines, qui auraient mieux aimé, soyez-en certaine, dormir tranquillement que de faire tant de dévotions. Nous couchions avec Saulcy dans la même chambre. Nos autres compagnons occupaient une cellule voisine. Le lendemain à huit heures du matin, et avant de partir, pendant que nos amis retournaient à la fontaine chercher de nouveaux types de visages et des émotions; nous allâmes avec Saulcy voir des citernes à un kilomètre environ de Beit-Lehm, sur la route de Jérusalem. Ces citernes sont en grande partie masquées par des pierres immenses qui en cachent l'ouverture : des rigoles d'environ vingt centimètres de profondeur, creusées dans le roc à fleur de terre, servaient jadis à y amener l'eau des pluies, et tout autour, des fragments de mosaïques, épars sur le sol, indiquent la présence d'anciennes constructions aujourd'hui détruites. Ces citernes portent le nom de *citernes de David*. David a-t-il eu quelque chose à faire avec elles ? On l'ignore, mais la tradition le dit, et pourquoi ne pas la croire? (1)* Je suis sûr, Madame, que vous ajoutez foi aux traditions, et je vous en félicite, car, outre qu'elles ont presque toujours une grande originalité à être entendues sur les lieux, elles s'accordent très-souvent avec l'histoire. Laissons, croyez-moi, aux missionnaires évangéliques le triste privilége de repousser ces histoires du pays qui parfois sont si fraîches et si poétiques, qu'on les aime presque mieux encore fausses, si elles le sont, avec tout leur charme, qu'on ne les goûterait véridiques avec

---

* Les chiffres entre parenthèse renvoient aux notes placées à la fin du volume.

de moins gracieuses images : ou bien laissons encore le droit de tout critiquer, quand la Bible ne parle pas, à ces esprits positifs et étroits pour lesquels l'imagination est un livre absolument fermé, qui confondent le goût avec les systèmes et la vraie religion avec le parti pris.

Pendant que je levais le plan des citernes dont je viens de vous parler, Saulcy s'en était allé fureter ailleurs, et sa chasse archéologique avait amené la trouvaille d'une inscription en caractères du moyen âge portant le nom de *strosi*, et probablement du temps des croisades. Cette inscription est gravée sur l'aqueduc à fleur de terre qui amène à Jérusalem les eaux des trois magnifiques bassins appelés vasques de Salomon, et dont je vous parlerai plus loin. Voilà notre matinée finie. Le déjeuner du couvent était servi, copieux comme le dîner de la veille; vous sentez d'après cela qu'il fut vite terminé, et à onze heures les chevaux étant sellés et les pistolets dans les fontes, *l'expédition de la mer Morte* se mit en chemin. C'est un nom pompeux, me direz-vous, donné à une réunion de six individus qui ne savaient pas seulement s'ils atteindraient les rives de ce lac mystérieux, ni s'ils découvriraient quelque chose, et ne feraient pas simplement une excursion infructueuse couronnée par un retour ridicule. Que voulez-vous?

nous aimions à nous dire à nous-mêmes : « Je fais une expédition, » cela remontait notre courage en nous donnant un certain caractère militaire qui souriait à de simples mortels peu habitués à faire la guerre : Saulcy est hors de cause, bien entendu, puisqu'il a été soldat.

En sortant de Beit-Lehm, la route, si l'on peut appeler ainsi des rochers qui ne sont nullement taillés, et sur lesquels les petits chevaux arabes marchent comme des chèvres, la route, dis-je, descend immédiatement dans une vallée assez profonde que domine le village. Le fond de cette vallée se compose de terre végétale assez maigre, et les flancs de la montagne sont couverts çà et là de petites touffes de verdure que je désigne ainsi, parce que je ne veux pas contrarier les gens du pays. Pas un arbre, pas un pauvre buisson qui rappellerait un peu des contrées civilisées; partout une teinte grise et jaunâtre. Hamdan nous précédait, et de temps à autre, lorsque nous rencontrions quelques Arabes laboureurs poussant une charrue traînée par deux ânes maigres et rétifs, il allait parler, avec une dignité qui faisait plaisir à voir, à ces malheureux qui portent une chemise blanche pour tout costume : c'est qu'il marchait sur son territoire et en vrai suzerain, il venait s'informer des chances de rapport de ses grasses propriétés. Après avoir ainsi cheminé pendant deux heures dans cette vallée aride et déserte, nous aperçûmes sur une colline quatre Bédouins armés de fusils et assis dans l'immobilité la plus absolue, seul exercice qui leur plaise : c'était le reste de notre escorte qui nous attendait : ils baisèrent la main de leur scheikh, et pendant ce temps-là nous regardions avec ébahissement le paysage placé sous nos yeux. C'était le comble de la désolation : pour premier plan, nous avions devant nous des montagnes d'environ trois cents mètres de hauteur, en argile blanche, contournées, tourmentées, affectant les formes les plus incroyables. Les pierres semblaient à la lettre brûlées, frites, *rissolées*, puisqu'il faut employer le seul mot qui rende leur couleur : la nature était bien morte; c'était la dévastation la plus parfaite. Au flanc et environ à cinquante mètres du sommet de ces collines crayeuses, une sorte de lisière en pierres calcinées formant les ondulations les plus bizarres, donnait un peu l'idée des convulsions volcaniques et terribles qui ont dû bouleverser ce singulier endroit : puis, dominant un mamelon isolé et comme placé là pour répandre sur le paysage encore plus de couleur locale, s'étendait un campement de Bédouins, c'est-à-dire vingt-cinq ou trente tentes noires, si l'on peut appeler tentes une toile à moitié déchirée, rayée de blanc et de noir, jetée sur des piquets mal enfoncés; plus loin brillait, à une profondeur considérable, la mer Morte unie comme une tache d'huile, et derrière, le pays de Moab, le tout noyé dans les rayons perpendiculaires d'un soleil dévorant. Telle est à peu près la vue des hauteurs qui précèdent Mar-Saba.

Mar-Saba est un couvent isolé au milieu de ce pays extraordinaire, suspendu aux deux parois d'un ravin à pic et aride comme ce qui l'entoure ; un mur de cinquante pieds de hauteur, en pierres grossièrement taillées, l'environne complétement du seul côté par lequel des Arabes vagabonds pourraient venir le piller, et Dieu sait, le cas échéant, quel serait leur désappointement ! Ils y trouveraient une vingtaine de moines de la religion grecque, en robes foncées et en bonnets noirs, pauvres comme Job, dont le seul plaisir est de jeter sur le rocher qui les avoisine la nourriture d'une espèce particulière de merles et de pigeons, dont les premiers, par leurs chants, les distrayent de leur solitude : leur unique richesse est une petite chapelle surchargée de très-médiocres peintures et d'ornements en or d'assez mauvais goût.

Nos mulets de bagages étaient devant le mur du couvent avec leurs conducteurs, arrivés directement de Jérusalem par un chemin plus court, et les moines, qui ne donnent pas l'hospitalité à première vue, leur avaient refusé tranquillement l'accès avant notre arrivée, et causaient avec les moukres du haut d'une fenêtre trop élevée pour être escaladée. C'était donc là que nous devions passer notre véritable première nuit d'expédition. Sur la présentation d'une lettre que nous avait donnée le supérieur du couvent de Beit-Lehm, la porte fut ouverte. L'aspect de la cour est assez original : les habitants de ce triste séjour ont dû, afin de pouvoir s'y établir, profiter de tous les accidents du rocher et entasser terrasse sur terrasse et escalier sur escalier, de façon qu'en regardant d'en bas, on se croirait dans une ruche d'abeilles, dont le couvent du Mégaspiléon en Grèce nous avait déjà donné l'idée, et dont celui-ci nous fournissait la réalisation. Avant le dîner, les moines nous conduisirent sous les fondations du couvent, voir une source d'eau froide à laquelle ils attachent une valeur religieuse, et pendant que nous cherchions des insectes aux environs, un coup de fusil nous annonça que l'on venait, par une méprise, de tirer sur un des merles favoris des pauvres reclus.

Au moment de rentrer dans la salle à manger, scheikh Hamdan, que j'appellerai maintenant Hamdan tout court, puisque vous le connaissez, s'approcha de Saulcy, et lui dit que notre escorte n'était pas encore suffisante. « Le pays des bords de la mer est très-dangereux, Effendum (il l'appelait ainsi), lui dit-il, et tes bagages sont bien nombreux : dans le cas d'une attaque, tu le sais, nous serons tués les premiers, car nous avons promis de te protéger, et, par Dieu, nous tiendrons parole ; mais aimes-tu mieux, pour une économie d'un millier de piastres, nous exposer tous à des dangers inévitables? » La réponse fut favorable à sa demande, comme vous pensez bien. A dix heures nous étions tous enveloppés dans nos manteaux et profondément endormis, malgré quelques insectes qui, du reste, nous épargnèrent assez à Mar-Saba : le lendemain à cinq heures du matin on commençait à charger les bagages, et à dix heures nous n'étions pas encore prêts : Mattéo, notre cuisinier, donnait force coups de cravache aux moukres, cause éternelle de retard, et nous, assis sur des pierres, nous fumions de modestes pipes de voyage, afin de modérer notre impatience. La nouvelle escorte était arrivée, et les cavaliers, assis à terre avec leurs chevaux derrière eux, attendaient, comme nous, en causant avec leurs scheikhs ou même en ne causant pas, sans pour cela réfléchir davantage. Bref, on se mit en route en côtoyant le flanc de la montagne qui donne à pic sur le ravin occupé par le couvent de Mar-Saba :

avec les mulets de bagages, nos chevaux et ceux de nos Arabes, il y avait environ cinquante quadrupèdes dans notre caravane, et, en nous regardant défiler ainsi avec tout notre attirail, je ne pouvais m'empêcher de nous comparer à ces troupes de touristes anglais qui se lancent sur les glaciers au risque de s'y rompre mille fois le cou pour le plaisir de mettre les premiers leur nom sur la pointe d'un pic, ou bien encore d'attacher une bouteille à l'extrémité d'un arbre placé horizontalement au-dessus d'un précipice. Cette fois seulement c'était pour la bonne cause que nous voyagions.

Les rochers de la vallée sont percés de mille niches qui ont servi de demeure à des cénobites, probablement aux Esséniens dont parle Pline. Quant à moi, en tant qu'il fallût choisir une retraite, ce n'est pas à Mar-Saba que je voudrais finir mes jours. Aussi bien, nous nous en éloignions, non sans admirer l'incroyable caractère de ce pays étrange. Vous avez sans doute vu bien souvent ces gravures sur bois qui représentent le paradis avant la chute et le paradis après la chute. Eh bien, figurez-vous ce que doit être après, un paradis qui, même avant, n'était que de médiocre fertilité, et vous aurez une idée du lieu. Nous sommes entrés alors dans ces montagnes crayeuses et blanchâtres que je vous ai décrites avant Mar-Saba, attendant à chaque minute une mule quelconque, qui, pour faire de l'esprit, je suppose, s'écartait d'un air indépendant du sentier déjà bien mauvais, pour aller stupidement tomber avec sa charge dans un trou ou sur un rocher glissant. Saulcy, occupé à lever le tracé du terrain, était particulièrement furieux de ces retards et me répétait, en l'arrangeant à sa manière, le mot célèbre : « Ce qu'il y a de plus bête dans l'homme, c'est certainement le cheval. » Puis, comme il avait besoin de l'heure à chaque instant, afin de connaître la distance parcourue, il se retournait vers moi :

« Édouard, l'heure ?

— Attends, j'allume ma pipe.

— Je ne peux pas attendre.

— Une seconde, je suis à toi.

— Dépêche-toi donc !

— Onze heures quarante minutes ! ! ! »

Après avoir pendant trois heures gravi collines sur collines et passé des ravins sans fin, nous atteignîmes la dernière hauteur, et là nous avions sous nos pieds la mer Maudite et ses rivages.

J'aurais bien voulu faire pour la mer Morte, comme dans un autre pays M. de Châteaubriand, qui, arrivant d'Argos à Sparte en un seul jour, chose impossible, excepté à un poëte, se mit à réciter, c'est lui qui le dit, tous *les beaux vers* qu'il savait à l'endroit du Taygète : mais, dans notre caravane, si la poésie était en bonne odeur, elle était par malheur peu cultivée, et elle se bornait à un seul vers que nous récitions religieusement au soleil en le voyant; du reste, cette satisfaction nous fut souvent donnée pendant notre excursion. Pour revenir à mon sujet, nous étions donc sur le théâtre de nos explorations les plus intéressantes, et avant d'aller plus loin, Saulcy prit des recoupements sur tous les points en vue à ce moment, sur la presqu'île au sud-est de la mer, sur les montagnes de Moab, situées vis-à-vis de nous et sur la plaine de Jéricho au nord. Les eaux de la mer, n'en déplaise aux gens d'une imagination trop vive et qui les croient sombres et mystérieuses, étaient de la couleur bleue la plus admirable, légèrement ridées par une brise imperceptible et bordées sur le rivage, où elles venaient mourir en murmurant, par une frange blanchâtre que nous devions retrouver partout, et qui n'est autre que le sel dont elles sont, pour parler en termes précis, saturées. C'était là la première fois, mais non la dernière, que nous nous trouvions en contradiction avec les idées erronées répandues partout sur le lac Asphaltite, ou rien ne vit, dit-on, où la végétation est nulle, où tous les êtres organisés sont frappés de mort. Nous descendîmes sur la plage par un sentier affreux, soit dit en passant, et là, à peine sur le bord de l'eau, une troupe de canards sauvages s'envola et alla se poser sur la mer Maudite en plongeant, en agitant les ailes de l'air le plus heureux de la terre ; nous continuâmes, et à quinze pas du bord, je ramassai un insecte magnifique, une *pimélie*, si j'ai bonne mémoire, vivant et se portant à merveille ; enfin, à cinq heures, afin de bien constater l'absence totale de végétation, nous campions au milieu d'un bois de roseaux de vingt-cinq pieds de hauteur, traversé par une source très pure dans laquelle des milliers de *mélanopsides*, petites coquilles noires, n'avaient nullement l'air de souffrir de l'atmosphère.

La source près de laquelle étaient nos tentes s'appelle *Ayn el Rhoueïr*, que l'expédition américaine conduite par le capitaine Lynch appelle *Ayn Ghuveir*, afin de ne pas prononcer comme les gens du pays, sous prétexte que ces derniers ne savent pas leur langue. Nous avions marché environ trois heures sur la plage, avec les montagnes que nous venions de descendre presque à pic à notre droite, et placées comme les parois verticales d'un immense cratère ; des touffes de verdure étaient parsemées sur le rivage, et des détritus de bois abandonnés par les eaux et placés en ce moment à environ quinze pieds du bord, indiquaient la limite atteinte par la mer dans la saison des pluies. Les tentes furent dressées sur un emplacement assez uni et sans trop de pierres, les lits et les armes mis à leur place assignée dans ces demeures de toile que nous ne devions plus quitter pendant vingt jours, et la nuit, qui venait calme et tranquille comme elles le sont sur les bords de la mer Morte, nous sembla une des plus pittoresques de tout le voyage. Et ce n'était pas sans motifs; car ces petites tentes au pied des montagnes nues et sauvages, ces quatre feux qui les environnaient et dont la lueur rougeâtre éclairait les figures basanées de nos Arabes, ce bruit continuel des clochettes attachées au cou des mulets, le chant nasillard des muletiers, ces détails, en un mot, de la vie du désert, qu'on a remplacés chez nous par le sifflet d'une locomotive, la flamme d'un bec de gaz ou le bruit étourdissant d'un orchestre habile, donnent un charme inouï à cette existence aventureuse. Nous étions cette première nuit-là les plus heureux des hommes; tout allait à souhait, nous n'avions pas encore souffert, le dîner était bon, les poules tendres, et les Arabes les plus nobles êtres de la création. Nous devions bien changer d'avis à l'égard de ces derniers! On dormit assez bien; mais nous n'avions pas réfléchi avant de camper, qu'au même endroit des Bédouins avaient déjà élu leur domicile d'un jour, et par suite laissé des traces de leur passage.

A peine le jour venu, on commença à charger les mulets et nous nous préparâmes au départ. Notre ami Loysel avait, en général, une peine incroyable à se lever ; il fallait, à la lettre, qu'on démontât son lit sous lui et qu'on le mît dans l'impossibilité de rester couché pour qu'il consentît à se hâter. Aussi disait-on tous les matins, à son sujet, les mots les plus légers et les plaisanteries du plus mauvais goût; mais peu lui importait; pourvu qu'il y gagnât quelques minutes, il se souciait médiocrement du reste; c'était certainement le plus philosophe et le plus en train de toute la bande, toujours content de tout, ne voyant dans les choses que le bon côté, et satisfait pourvu qu'on ne le troublât pas dans ses réflexions morales; Dieu sait de quelle nature étaient ces réflexions !

A huit heures et demie nous étions à cheval et traversions le bois de joncs, au milieu duquel nous avions campé, pour continuer notre route sur la plage. Les buissons qui avoisinent Ayn el Rhoueïr sont si touffus et si élevés, que c'est à peine si les mules y pouvaient passer avec leurs charges, et que toute la caravane disparaissait dans cette végétation luxuriante. Ayn el Rhoueïr est du reste une oasis comme tous les endroits de cette nature sur les bords du lac Asphaltite ; car après une demi-heure, nous nous retrouvions sur le rivage, côtoyant l'eau, et sous les rayons d'un soleil perpendiculaire; on voyait la presqu'île qui s'avance dans la mer de manière à former une véritable passe à son extrémité ouest. Nous croyions y arriver presque dans la journée; mais nous comptions sans les illusions d'optique, inséparables d'une marche dans un pays accidenté, et surtout sans l'atmosphère transparente qui a tant de fois induit les voyageurs en erreur; il nous fallait encore deux jours de route, de l'endroit où nous étions, avant d'y parvenir. A dix heures, c'est-à-dire deux heures après notre départ, la montagne s'avançait à pic sur les eaux, à ce que nous dit Hamdan, et le passage, par conséquent, nous était interdit par en bas; il fallut se résigner à entrer dans les terres, afin de tourner les rochers qui nous séparaient de la continuation du rivage; c'était une assez grande contrariété d'apercevoir à six cents pas peut-être la plage que nous devions seulement rejoindre après deux jours. Hamdan et ses hommes partirent en avant pour chercher un chemin, et pendant ce temps nous nous mîmes à gravir le flanc de la montagne, en nous dirigeant vers le sud-ouest. En haut d'un premier escarpement, on s'arrêta pour déjeuner et attendre que nos hommes eussent fixé la route que nous avions à suivre. C'est une chose merveilleuse que l'agilité et l'infatigable vigueur de ces Arabes pour faire des reconnaissances et éclairer le pays ; ceux qui nous accompagnaient n'étaient jamais avec nous ; on les voyait de temps à autre, sur des rochers, à l'état d'insectes microscopiques, ne se détachant sur les pierres sombres qui les entouraient que par leur chemise blanche, toujours passant par les endroits les plus durs et les plus dangereux, voyant tout, prévoyant tout, prêts à faire feu de leurs longs fusils sur le premier étranger dont les intentions leur auraient paru tant soit peu suspectes.

Le lieu que nous avions choisi pour le rendre témoin de la débauche quotidienne que nous faisions avec des œufs durs et des poulets étiques, dominait la mer Morte, et je ne vous répéterai pas la description du paysage que je vous ai déjà faite. Ce jour-là, la vue, malgré l'entourage abrupte et sévère des montagnes de Moab et de la Judée, était très-riante, éclairée par le soleil brillant dans un ciel bleu ; la mer était plus limpide et plus azurée que jamais, calme comme la plus admirable pièce d'eau, encadrée par cette singulière frange blanche, qui, seule, rappelait ses propriétés salines si puissantes.

Nous étions couchés sur les cailloux les plus acérés et les plus durs, seul lit de verdure qu'il nous fût alors donné d'avoir, un peu cuits par le soleil, un peu fatigués déjà par la chaleur, mais si enchantés de ce que nous voyions, des plantes dont se remplissait notre herbier, des insectes qui se pressaient en foule dans nos boîtes, des beaux échantillons minéralogiques qui commençaient à écraser une de nos mules, que le soleil nous semblait seulement destiné à nous faire plaisir, et les cailloux à nous dégoûter de siéges plus moelleux. Nous venions d'achever le dernier œuf dur, et nous déchirions à belles dents la cuisse d'un coq plus dur encore, lorsqu'un son lointain, semblable au cri d'un homme, vint nous arracher à nos joies gastronomiques. Nous fûmes un temps infini avant de savoir d'où venait le bruit que nous avions entendu, et nous ne le sûmes que lorsqu'un de nos Arabes nous montra du doigt un pic à perte de vue, en produisant avec son gosier une sorte de hennissement, seule manière pour lui d'indiquer, en s'aidant du geste, un endroit extrêmement éloigné. En suivant avec attention la direction de sa main, nous finîmes par apercevoir au sommet d'une aiguille que nous croyions mille fois inaccessible, la silhouette imperceptible d'un cheval portant son cavalier, « Scheikh Hamdan, » nous dit-il, et un deuxième cri, poussé par notre ami et apporté par la brise, nous annonça que notre Arabe avait raison.

Hamdan, vu ainsi sur son aiguille, avait assez de rapport avec cette statue du duc de Wellington placée vis-à-vis de Hyde-Park, à Londres, et dont le bras droit qui fatigue, rien qu'à le voir, ressemble assez à ces mains peintes en noir dans les gares de chemins de fer, et dont le caractère est en général beaucoup plus celui de l'indication que celui du commandement. Aussitôt on remonta à cheval, et nous nous dirigeâmes encore plus à l'ouest. Dès ce moment, nous nous trouvâmes dans le désert; le terrain était uniformément argileux et sans végétation; des collines rondes pour la plupart, et dont la forme n'était plus celle des rochers du bord de la mer, s'élevaient près de nous; le soleil brûlant nous accablait, et je me sentais appesanti par une somnolence presque insurmontable qu'interrompaient seulement les demandes d'heures de l'infatigable Saulcy. A une heure, nous rencontrâmes des tombes de Bédouins, c'est-à-dire des petits tas de pierres amoncelées dans un endroit, et qui recouvrent le corps; il y avait eu là un engagement entre deux tribus ennemies; et semblables à ce Marseillais qui aimait mieux laisser le corps de son père à Paris que de payer son transport à Marseille, les Arabes aiment mieux abandonner leurs morts et les enterrer sur le champ de bataille, que de les emporter avec eux. Du reste, il faut les en excuser, puisqu'ils sont à vrai dire partout chez eux, n'étant chez eux nulle part.

Je commençais à trouver que le soleil, pour s'être fait désirer à Jérusalem pendant si longtemps, semblait vouloir se venger, et j'étais tacitement d'avis que sa revanche passait la permission ; mon cheval allait où bon lui semblait, je pouvais à peine tenir mes yeux ouverts, je croyais avoir deux immenses poids suspendus à mes paupières, et j'allais m'impatienter, quand nous nous trouvâmes tout d'un coup devant un ravin à parois parfaitement verticales qu'il fallait absolument traverser pour continuer en avant : c'est *l'Ouad-el-Dahradjeh.* La somnolence disparut, et fit place à l'émotion la plus poignante en suivant les efforts inouïs de nos pauvres mules pour franchir ce mauvais pas ; ce n'était rien encore du côté où nous étions, elles descendaient, mais pour remonter en face de nous ! figurez-vous un véritable escalier en marches d'environ deux pieds et demi de hauteur, et cet escalier franchi, il fallait que ces malheureux animaux longeassent le rocher sur une corniche d'environ quatre-vingts centimètres de largeur à quarante pieds au-dessus du sol. Vous ne vous imaginez pas ce qui s'est dépensé là de cris et d'imprécations, bien plus que de travail, je vous en réponds; les échos d'alentour répétaient les encouragements des muletiers traduits par un son guttural que je ne puis pas vous décrire, qui ressemble à un effort, suivi du petit mouvement que l'on fait avec la langue quand on blâme quelque chose; ou bien encore quand la mule était rebelle, au lieu de la battre, ils passaient devant, l'arrêtaient tout court et lui crachaient à la figure, si toutefois les mulets ont une figure. Pardon de m'appesantir ainsi sur ces détails, mais c'est qu'ils ont tenu une grande place dans cette journée-là. Tant bien que mal, l'Ouad-el-Dahradjeh se trouva franchi, et les montagnes crayeuses et brûlantes recommencèrent; il était trois heures et nous marchions depuis sept heures, aussi avions-nous bonne envie de nous arrêter; mais il n'y avait pas d'eau, et nous ne pouvions nous en passer; cela devait nous arriver plus tard. Hamdan connaissait, disait-il, une citerne voisine dans laquelle il y avait toujours de l'eau. En effet, on arriva à une citerne creusée dans le rocher; c'était bien une citerne; une seule chose manquait pour qu'elle méritât ce nom, l'eau. Nous trouvions la plaisanterie amère, je dois le dire, mais que faire? On continua, et nous entrâmes dans une gorge assez resserrée appelée Ouad-el-

Haçaça ; (3) et avançant jusqu'à un endroit isolé entouré de rochers de toutes parts, on planta les tentes.

Je vous avoue, Madame, que nous étions de médiocre humeur, n'ayant rien à boire que de mauvais vin, et comme il arrive toujours, quand on n'en a pas, n'ayant envie que d'eau. Enfin, au moment où nous allions en prendre bravement notre parti, un de nos Arabes vint nous dire qu'il y avait des mares dans le voisinage, et alla y chercher une sorte de liqueur blanchâtre semblable par sa couleur à l'orgeat et au plâtre par sa saveur ; le nectar des dieux ne leur faisait certainement pas plus de plaisir à boire que cette eau ne nous en fît ; nous étions encore sauvés de la soif pour un jour ! La soirée se passa à rédiger les notes, à piquer les coléoptères, à sécher les plantes ; et ce ne fut que vers dix heures que nous avions terminé notre travail. Avant de nous coucher, nous allâmes nous mêler au groupe d'Arabes qui entouraient Hamdan, pour causer avec lui près du feu de broussailles qu'il avait allumé ; c'était un véritable tableau de genre ; et la belle tête du scheikh, éclairée ainsi, était superbe à voir. Peu après, le campement rentra dans le silence, et ce silence n'était interrompu que par les factionnaires auxquels Hamdan avait donné l'ordre de l'appeler toutes les demi-heures, afin qu'il ne s'endormît pas et pût veiller sur nous. Beau dévouement que celui-là, Madame, surtout quand au milieu des fatigues les plus grandes il ne se dément jamais. « Ya scheikh Hamdan, » disait lentement d'une voix nasillarde l'Arabe qui montait la garde, et Hamdan répondait sur un ton monotone et doux : « Thaïeb, » *c'est bien*. La nuit était adorable, et il faisait une température qu'on envierait chez nous aux plus beaux jours du printemps.

Il n'y eut aucune alerte pendant la nuit, et le jour nous trouva fort heureux de lever le camp et de regagner le bord de la mer que nous devions rejoindre après quelques heures. De six heures du matin à dix heures, notre route continua dans les mêmes contrées que la veille, sans grande variété dans le paysage et sans grands résultats scientifiques. Cependant il faut que je vous communique une petite remarque qui fut faite et qui nous mit sur la voie de découvertes curieuses. De temps en temps, les flancs nord des petites collines que nous laissions à droite et à gauche quand nous ne les franchissions pas, étaient couverts de déjections ayant tous les caractères de celles que nous avions déjà remarquées aux environs de Mar-Saba ; c'étaient des pierres calcinées d'une couleur brune très-foncée, assez grosses en général, et couvrant exclusivement les mêmes côtés des collines susdites. Il y avait là un fait intéressant à noter : évidemment ces déjections volcaniques avaient une origine quelconque, et leur direction convergente la fixait à un cratère placé forcément au sud et lançant des pierres dans tous les sens, par conséquent au nord ; à mesure que nous avancions, ces déjections se composaient de pierres moins grosses, et la conclusion toute simple qu'on en pouvait tirer était que celles qui avaient plus de poids avaient été lancées plus loin, et que les plus petites, offrant moins de masse, s'étaient arrêtées plus près de leur point de départ. Il fallait naturellement penser que nous marchions vers un volcan, éteint bien entendu, comme ils le sont tous dans ce pays, mais cette observation, faite alors pour la première fois, mit Saulcy en mesure de retrouver plus tard successivement tous les volcans *dont il avait besoin* pour confirmer d'autres découvertes : laissez subsister cette expression pour le moment, vous la comprendrez plus tard. Satisfaits de cette remarque, nous atteignîmes la crête d'où nous devions regagner la plage que nous avions abandonnée si à contre cœur : le temps était devenu mauvais sur les hauteurs où nous étions, et pendant que nous déjeunions, mouillés par une pluie assez forte, la mer Morte à mille pieds au-dessous de nous était éclairée par le plus beau soleil ; nous voyions depuis là notre campement du soir, c'est-à-dire Aïn-Djedy, l'Engaddi de la Bible. Pendant que nous achevions notre frugal repas, nos mulets avaient commencé à gagner la plaine en suivant la route la plus incroyable que vous puissiez vous figurer; elle était tellement mauvaise que leurs charges furent portées à bras jusqu'à la moitié de la descente, et que les pauvres bêtes soulagées s'en allaient le nez au vent, choisissant le passage le moins escarpé, hésitant sans cesse avant de faire des sauts immenses pour rencontrer un espace uni, quelque petit qu'il fût, et y poser les pieds. Nous suivions, pouvant à peine maintenir notre équilibre et ne comprenant plus après vingt pas faits, par où nous venions de passer. C'est un chemin semblable à celui de la Gemmi, en Suisse, avec un escarpement double et une difficulté plus grande encore. Mais nous étions en vérité protégés de la Providence : aucune boîte ne tomba, aucune charge ne fut endommagée, et après une heure de marche, nous étions sous les arbres d'Engaddi [*], attendant que les tentes fussent dressées et que nous pussions nous y établir. C'est là qu'Abraham menait paître ses troupeaux, et je dois vous dire d'abord que ses troupeaux ne devaient pas être difficiles sous le rapport de l'herbe qu'ils y trouvaient,

---

[*] Ces arbres étaient des seyâl (gommiers).

car à moins de manger des cailloux, je ne me figure pas qu'on puisse apaiser sa faim sur le gazon d'Ain-Djedy ; mais s'il n'y a pas de verdure de cette nature trop civilisée, il y en a une qui est bien la plus admirable du monde. Des mimosas dont les branches s'étendaient au-dessus de nos tentes et nous défendaient contre les rayons du soleil, des asclépias procera, avec leurs fruits qu'on appelle l'orange de Sodome, et dont Josèphe et d'autres disent qu'ils s'évanouissent en fumée, *in fumum dissolvuntur*. Ce fruit est comme une petite calebasse, de teinte verdâtre et assez dur : pour peu qu'on l'ouvre, il ne s'évanouit pas, comme le dit l'historien, mais il s'en échappe une petite poussière blanche très-fine, et cette poussière envolée, il reste une touffe de graines qui ressemble beaucoup au duvet des petits oiseaux. Il y avait aussi des *solanum melongena*. Enfin, au milieu de ce singulier assemblage de si belles plantes, des joncs immenses s'élevaient à vingt pieds de hauteur, abritant la source la plus abondante et la plus pure. L'Ain-Djedy est un charmant endroit, et la transition était si brusque entre le pays désolé que nous venions de parcourir, que nous nous croyions transportés dans une serre remplie de fleurs rares. Les ruines d'un moulin et de deux tours, environ à cent pas de la source, sont les seules constructions que j'aie remarquées à Ain-Djedy. Vous jugez de notre joie en nous trouvant si richement partagés sous tous les rapports, et si nous fîmes honneur à la source bienheureuse. Nous nous livrions en toute confiance au bonheur de camper dans un lieu si propice, lorsque Hamdan nous dit que le scheikh du pays où nous entrions, Dhaïf-Oullah-Abou-Daouk, arrivait pour nous voir et convenir d'un prix afin que nous pussions parcourir son territoire sous sa sauvegarde. Nous devions entamer à Ain-Djedy la série de négociations qui, pour changer de personnages, ne changeaient nullement de nature, et nous étions assez inquiets de ce qu'il plairait à Abou-Daouk de nous demander. Mais nous commencions, depuis deux jours que nous traversions des contrées inexplorées encore, à nous satisfaire du chemin de la journée, incertains de ce que nous pourrions faire le lendemain, décidés seulement à aller le plus loin possible, en réfléchissant que c'était toujours autant de visité. En effet, Abou-Daouk, suivi de deux cavaliers, arriva quelques instants après, et donnant son cheval à garder à un de nos Arabes, s'avança gravement vers Hamdan qu'il embrassa lui-même, puis ses deux compagnons ensuite. Saulcy le salua à son tour en arabe, le sourire sur les lèvres, et Abou-Daouk lui rendit son salut sans le moindre symptôme de gracieuseté. C'était bien, avec son frère, les deux plus véritables figures de brigands qu'on pût voir : Abou-Daouk avait un nez assez régulier, mais une bouche démesurément grande avec deux dents, les incisives, s'avançant d'une manière indécente à l'extérieur, mais des yeux très-renfoncés, très-petits, et de plus très-rouges, et enfin un visage presque noir, le tout accompagné d'une physionomie hardie et sauvage. Son frère était le portrait en vieux de l'un des membres du gouvernement provisoire de 1848, que je ne veux pas nommer. Tous les deux étaient âgés, mais des guerriers de toute bravoure et d'une influence souveraine sur le pays que nous voulions traverser. La première réflexion qui fut faite en voyant ces sauvages figures, fut que nous allions nous mettre dans de tristes mains, mais celle qui nous vint ensuite fut plus consolante; car il était très-politique, n'est-ce pas, pour éviter les voleurs, de se lier d'amitié avec les plus voleurs de tous. Ces braves scheikhs n'avaient pas mangé depuis la veille au soir, et il était quatre heures de l'après-midi; ils commencèrent donc par demander du pain qu'on leur donna, puis tout le monde s'assit à terre sous les mimosas, les pipes furent allumées, et nous pouvions croire qu'on allait parler d'affaires. De temps à autre Hamdan, assis à côté d'Abou-Daouk, lui adressait gravement deux ou trois paroles. Abou-Daouk répondait ou ne répondait pas, et tout rentrait dans le silence; peu habitués que nous étions encore à cette méthode, nous ne savions pas trop quand notre négociation allait s'ouvrir et nous attendions, comme de pauvres victimes, qu'il voulût bien plaire à nos futurs maîtres de fixer notre sort. Au bout d'une bonne heure de contemplation à peu près muette, nous n'avions pas encore touché un mot des sujets qui nous intéressaient; tout d'un coup Abou-Daouk, son frère et Hamdan se levèrent, allèrent à cinquante pas des mimosas, sur les ruines des tours dont je vous ai parlé, et là se rassirent paisiblement. Saulcy et moi fûmes admis au conciliabule; nouvelles pipes, nouveau silence : enfin, impatienté de cette lenteur, mon ami entama l'affaire de but en blanc sans user de préliminaires qui auraient peut-être semblé naturels à ces diplomates par nature, et demanda à Abou-Daouk ce qu'il nous ferait payer pour nous mener jusqu'à la montagne de sel et de l'autre côté de la mer Morte, dans le pays des Moabites. Cette ouverture prosaïque ne laissa pas que d'étonner notre futur allié. Il répondit que les tribus de la rive orientale étaient en guerre entre elles, qu'elles se battaient tous les jours, etc.; enfin Saulcy fut la dupe, et Abou-Daouk le pria pour toute réponse de vouloir bien, ainsi que moi, nous retirer du cercle pendant qu'il allait causer avec Hamdan.

Je serai plus court qu'eux, Madame, et je vous dirai que Hamdan vint nous répondre, après une longue discussion, que nous pourrions voyager en toute sécurité sur le territoire d'Abou-Daouk pour la somme de cinq cents piastres comme présent pour lui, un habillement complet pour son frère, et de plus la même solde que celle des hommes de Hamdan pour ceux qu'il emmènerait avec lui. Il nous promettait aussi de nous accompagner sur la rive orientale, et vous verrez plus tard qu'il y avait pour lui du mérite à le faire. Le marché fut conclu, et le soir après dîner nos scheikhs vinrent prendre le café dans notre tente pendant que Saulcy arrangeait l'herbier et que je piquais force insectes à la plus grande satisfaction des susdits naturels du pays, qui me prenaient au moins pour un médecin, sinon pour un fou. La nuit que nous avons passée à Ain-Djedy a été une des plus belles de notre excursion. Je n'ai jamais vu une telle douceur de température et un plus grand repos dans la nature; la lune, qui était alors dans son premier quartier, éclairait toute la mer Morte que nous avions sous les pieds encore, répandant cette teinte uniformément blafarde et triste qui lui est particulière, sur les montagnes de Moab; on n'entendait absolument aucun bruit, et l'on aurait pu avoir des moments de rêverie, si les rires qui sortaient de la tente, suivis du bruit des voix de nos amis et de leurs propos peu faits pour inspirer la poésie, n'avaient pas ramené l'esprit à la réalité prosaïque, mais bien consolante cependant, de gens prêts à tout dans le pays le moins sûr de la terre.

Le matin, la jolie source reçut tous nos hommages, et les soins les plus minutieux furent donnés à notre toilette; c'était comme une précaution préalable dans la prévision de l'abstinence à laquelle nous devions être condamnés le soir même. A neuf heures, nous descendions doucement la côte d'Ain-Djedy, et nous rejoignions le bord de la mer en marchant au sud. En bas et une fois sur la plage, il y a un assez grand espace de terrain couvert de pierres répandues çà et là sans formes architecturales quelconques, mais ayant servi jadis à des constructions; c'était la première fois que nous rencontrions des ruines de cette nature, et nous n'y attachions pas encore l'importance qu'elles méritaient; car partout, dans ces pays bouleversés à une époque si reculée, les ruines sont ainsi faites, n'ayant de caractère distinctif et reconnaissable que cette quantité de matériaux sans forme, mais dont la présence est inexplicable, si l'on ne veut pas admettre qu'ils ont jadis été employés à composer des habitations et des villes. C'est là ce qui reste de l'Engaddi, à la source de laquelle les troupeaux du patriarche venaient se désaltérer. A partir de ces ruines et de notre campement, nous avons toujours côtoyé la mer : dès deux heures le soleil était devenu accablant; le sol argileux et salé réfléchissait ses rayons d'une façon terrible, et nous étions tous pris de cette envie de dormir si pénible quand on sent qu'on a besoin de toute son attention pour observer les objets environnants. Saulcy en particulier souffrait cruellement de la vue, obligé qu'il était d'avoir constamment les yeux sur le calepin où il écrivait en marchant et de ne jamais s'oublier une minute. Avant de nous avancer de nouveau sur la plage, nous eûmes à traverser l'Ouady-el-Areidjeh, large ravin creusé par les torrents qui se précipitent dans la mer pendant la saison des pluies, puis nous remontâmes sur le côté opposé du ravin, et, dès ce moment, nous étions sur l'espace qui sépare les eaux des montagnes. Un peu après l'Ouady-el-Areidjeh, nous passions sur un endroit complétement aride et enduit de cristallisations salines appelé par les Arabes Birket-el-Khalil, vis-à-vis de l'Ouady du même nom, lorsque Abou-Daouk nous arrêta pour nous raconter la tradition suivante : « En-Naby-Ibrahim-el-Khalil (Abraham) vint pour prendre du sel à l'endroit où tu es, Effendum : c'était de son temps une mine exploitée par les habitants d'El-

Khalil. Le patriarche en trouvant un jour quelques-uns occupés à charger de cette denrée sur des chameaux, leur demanda de lui en donner. Ils refusèrent de lui en vendre, et Ibrahim, irrité, leur prédit que désormais ils ne pourraient plus en trouver à cette place, et que, de plus, le chemin de El-Khalil leur serait à jamais fermé. » En effet, aujourd'hui, à la place du sel que venaient récolter les habitants d'El-Khalil, des cristallisations mélangées de terre couvrent l'emplacement; de plus, un mouvement volcanique a coupé l'Ouad-el-Khalil, et rend le passage impraticable. Pour les Arabes la prédiction est donc accomplie.

Depuis Birket-el-Khalil, le terrain était d'une nature toute différente de celui que nous avions foulé jusqu'alors; les collines ressemblaient aux vagues d'une mer agitée, et, sans être tourmentées comme celles qui précèdent Mar-Saba, elles avaient cependant cet aspect bizarre que présentent toutes les créations nées de convulsions géologiques. Ces collines rondes durèrent un certain temps, puis nous passâmes devant l'ouverture de l'Ouad-es-Seyâl (des Gommiers), et dès lors la physionomie des lieux changea comme par enchantement.

Nous étions vis-à-vis de la presqu'île que nous

voyions depuis si longtemps sans pouvoir l'atteindre ; à notre droite, des rochers immenses et à pic, surmontés de ruines, dominaient notre tête ; au milieu de ces ruines un pan de muraille se détachait, contenant une fenêtre à travers laquelle on apercevait le ciel ; devant s'étendait le fond de la mer, que nous commencions à voir dans un brouillard assez sombre, et enfin, à gauche, une réunion de mamelons, en matière crayeuse et en argile, rongés par les eaux torrentielles de la mauvaise saison, mais rongés de façon à présenter, à la lettre, l'aspect d'une ville fantatisque. Il y avait là des palais, des dômes, des clochers, des minarets, un assemblage de constructions fantasmagoriques qui faisaient une illusion complète. Damas, lorsqu'on arrive par la plaine, et qu'il brille au soleil avec tous ses toits éclatants de blancheur, fait assez l'effet de ce que nous voyions alors. C'était un à peu près de ville orientale, comme un de ces tableaux qui, s'ils n'ont pas le mérite de la vérité matérielle, ont du moins celui d'une physionomie qui rappelle l'original à s'y méprendre. Nous marchions d'étonnements en étonnements à la vue de tous ces édifices d'argile qui, lorsque nous nous approchions, redevenaient rochers et pierres, et perdaient leur physionomie d'emprunt pour se transformer en un terrain volcanique et mouvant. Il était quatre heures, nous étions très-fatigués par la chaleur, et nous demandions sans cesse à nos Arabes s'il y avait de l'eau dans le voisinage et si nous allions arriver à une source pour y arrêter. Ils évitaient avec grand soin de nous répondre, car les Arabes ont quelquefois des scrupules de dire *non*, quand bien même ils sont parfaitement sûrs que c'est *non* qu'ils devraient dire. Cependant il fallut bien le prononcer ce mot fatal, car nous ne voulions pas aller plus loin.

« *Fi moié?* (y a-t-il de l'eau?)

— *Moié mafich!* (il n'y a pas d'eau!) » fut la réponse, et nous n'avions qu'un tonnelet à moitié plein pour une trentaine d'hommes et autant d'animaux : nous allions donc nous en passer cette fois complétement, et nous étions, je l'avoue, fort ennuyés. Au moment où nous mettions pied à terre, cinq Arabes arrivèrent, embrassèrent les nôtres et se mêlèrent à eux ; c'étaient les hommes d'Abou-Daouk qui nous attendaient pour nous escorter. Nous campions au pied du rocher surmonté de ruines que nous voyions une heure avant, et notre intention était d'y monter le lendemain matin, car pour le moment nous ne demandions qu'à nous reposer et à repartir au plus tôt. Notre dîner fut peut-être moins gai ce jour-là que de coutume, et le manque d'eau nons ôta un peu l'appétit : cependant nous fîmes honneur aux poules et au riz, et nous étions tous, à neuf heures, fumant, assis sur des pierres devant nos tentes, et admirant ce ciel unique où les étoiles sont de véritables diamants, et où l'atmosphère, transparente comme la gaze la plus fine, permet de voir de si loin, d'entendre de plus loin encore et de respirer les brises du climat le plus favorisé!

Nous allions nous coucher, lorsque le son d'une musique sauvage et inconnue à nos oreilles nous attira derrière nos tentes vers les feux allumés de nos Arabes, et voici ce dont nous fûmes témoins. Nous assistions à une danse et à un chant de guerre : les hommes d'Abou-Daouk et de Hamdan, se tenant par le bras, s'inclinaient de droite à gauche et de gauche à droite, frappant leurs mains l'une contre l'autre en cadence, et chantant une phrase musicale, monotone comme leurs mouvements, nasillarde comme toutes les chansons arabes : c'était là le chœur; devant cette rangée de bizarres figures noires, à moitié cachées derrière ce mouchoir lié par une corde de chameau qui leur donne un si sauvage aspect, se tenait un Arabe isolé, le yatagan à la main droite, soutenant de la main gauche sa longue robe, et découvrant ainsi ces jambes fines, délicates et composées uniquement de muscles qui donnent aux Bédouins tant d'élégance dans la tournure. Il s'avançait en chantant tout seul et en passant son sabre sur la tête des hommes qui faisaient le chœur : ceux-ci se baissaient ensemble comme pour éviter le coup, puis se relevaient avec une grande vivacité et marchaient sur lui en chantant toujours plus fort et en s'inclinant de plus en plus vite, comme je vous l'ai dit. L'autre agitait son sabre, la danse se rapprochait, se rapprochait toujours de lui, puis enfin l'entoura complétement, poussa un grand cri, et tout fut fini. Les échos du voisinage répétaient la psalmodie de cette troupe d'acteurs improvisés ; mais la pièce qu'ils jouaient était bien une vraie représentation, je vous assure, et en voyant leurs figures éclairées par la lueur du feu s'animer graduellement, de riantes devenir peu à peu sérieuses et prendre enfin une expression de férocité effrayante, nous pensions assister au départ de la tribu pour le combat, sujet que leurs chants célébraient, et notre émotion était grande. C'est là l'effet que produisent les choses vraies, dites sur le sol même où elles doivent se dire. Amenez nos Bédouins à Paris, dans la rue Saint-Honoré, comme jadis les Joways, faites-leur danser la danse du sabre et chanter le chant de guerre de la tribu, ils ne seront jamais que des hommes très-brûlés par le soleil, ayant une chemise fort sale et une ceinture de cuir; mais voyez-les sur le bord de la mer Morte, dans leur vie de privations et de fatigues, couchant sur les pierres, marchant tout le jour, tout le jour exposés à être tués mille fois dans les embuscades dont le pays fourmille, alors ils prendront à vos yeux un tout autre aspect, et vous finirez par les aimer mieux avec leur misère, leur avidité et leur sauvagerie, que tant d'autres qui ne sont ni misérables, ni avides, ni sauvages!

En récompense du plaisir que nous avions goûté en assistant à cette scène curieuse, nous fîmes donner un peu de café à chaque Bédouin, qui s'assit auprès du feu, reprit sa pipe, l'alluma tranquillement, comme si de la soirée il n'avait pas bougé; toute trace de l'excitation causée par la danse, qui leur rappelait à tous tant de souvenirs, disparut, et la veille de la nuit commença; je fus assez longtemps avant de m'endormir; ce spectacle m'avait fait une très-vive impression, et, pour la première fois depuis notre départ, je comprenais quels étaient les hommes au milieu desquels nous vivions. Mais il y a quelque chose de plus fort que les impressions en pareil cas, c'est la fatigue, et je ne me souviens guère de ce qui s'est passé ensuite; seulement le lendemain matin, mes amis m'ont dit que j'avais ronflé d'une manière indécente, et qu'on désirait que pareille chose ne se renouvelât pas.

A cinq heures, nous étions prêts à monter le rocher de Sebbeh, car je ne vous ai pas encore dit son nom ; j'ose à peine vous en parler, un autre l'a fait mieux que je ne pourrai certainement le faire ; aussi je veux vous donner textuellement le récit de l'historien, persuadé que vous le lirez avec intérêt. C'est Josèphe qui, en racontant les conquêtes des Romains, a été conduit à parler de la prise de certaine citadelle placée sur les bords de la mer Morte, et à laquelle, quelques siècles plus tard, votre serviteur montait dans un but plus pacifique, brûlé par un soleil affreux, et sur le point de renoncer mille fois à son entreprise. Et maintenant je vais laisser parler Josèphe, en vous prévenant seulement que la citadelle était occupée, lors de l'expédition de Silva, par un certain Éléazar qui avait pris les armes contre les Romains, à la tête de neuf cent soixante Juifs, y compris les femmes et les enfants ; mais croyez que ses *sicaires*, comme les appelle Josèphe, étaient d'autres hommes que ceux d'aujourd'hui, et il n'y a pas beaucoup d'Israélites de notre siècle qui consentiraient à s'entretuer jusqu'au dernier, condamné à mettre lui-même fin à ses jours ; ou du moins, en pareil cas, toute leur habileté consisterait peut-être à briguer ce dernier rôle, afin d'en éviter, sans crainte d'être trahis, la partie désagréable. Voici donc comment Josèphe raconte l'épisode de la prise de Massada, et je ne l'interromprai pas :

« Le général romain, à la tête de son armée, marcha contre Éléazar et les brigands qui occupaient Massada. Après s'être emparé immédiatement de tout le pays, il plaça des postes dans les lieux les plus favorables, entoura le château d'un mur pour empêcher les assiégés de s'enfuir, et y distribua des corps-de-garde. Lui-même choisit pour son camp l'emplacement le plus favorable, où les rochers de Massada touchaient à une montagne voisine. En ce lieu, il est vrai, ses approvisionnements étaient difficiles ; car ce n'était pas seulement des vivres qu'il fallait apporter de très-loin et avec de grandes fatigues pour les Juifs qui en étaient chargés, mais il fallait amener l'eau dans le camp, *aucune source n'existant dans cet endroit*. Après avoir pris ces premières dispositions, Silva commença le siége, qui demandait beaucoup d'habileté et de fatigues, à cause de la position de la forteresse, dont voici la description :

« C'est un rocher très-élevé dont le circuit est

considérable. Il est entouré de tous côtés par des vallées tellement profondes qu'on n'en peut voir l'extrémité; il est abrupte et inaccessible, excepté dans deux endroits, où la montée est encore très-difficile. Un de ces chemins vient du lac Asphaltite, vers l'orient, et l'autre de l'occident; ce dernier est le moins malaisé. On appelle le premier la Couleuvre, à cause de son peu de largeur et des sinuosités nombreuses qui expliquent cette similitude. Ce chemin tourne le long des précipices, revenant souvent sur sa première direction et s'avançant de nouveau peu à peu, de manière à toucher presque les parties du sentier qui restent à parcourir. Quand on gravit cette montée, il faut se glisser de côté, et avancer tantôt d'un pied, tantôt de l'autre. Une chute serait la mort; car des précipices profonds s'ouvrent à droite et à gauche, de façon à remplir de terreur les plus audacieux. Quand on a monté ainsi pendant trente stades, on arrive au sommet du rocher, qui ne se termine pas en pointe aiguë, mais qui présente une surface plane. C'est sur cet espace que, le premier, le pontife Jonathas bâtit une forteresse qu'il appela Massada. Ensuite le roi Hérode se plut à y faire de nouvelles constructions. Il entoura tout le sommet d'un mur ayant sept stades, construit en pierres de taille, haut de douze coudées, large de huit et flanqué de trente-sept tours de cinquante coudées ; ces tours communiquaient à des bâtiments construits à l'intérieur et adossés à l'enceinte ; car pour le sommet du rocher, couvert de terre végétale et pouvant recevoir la charrue, le roi le donna à la culture, de manière que si les aliments venaient à manquer du dehors, les gardiens de la forteresse n'en souffrissent pas.

« *Il y construisit aussi un palais près de la montée occidentale*, placé en dedans des murailles de la citadelle et tourné vers le septentrion. Le mur du palais était d'une grande élévation et fort, ayant quatre tours de soixante coudées aux angles. Il renfermait de somptueux appartements, des portiques et des salles de bain soutenus partout par des colonnes monolithes. *Le sol et les parois des appartements étaient revêtus de placages variés ou de mosaïques*. Auprès de chacun des bâtiments d'habitation, sur le sommet du rocher, autour du palais et devant le mur, *plusieurs grands réservoirs furent creusés dans le roc* pour conserver l'eau, de manière à en donner en aussi grande quantité qu'en aurait pu fournir une source naturelle. *Un chemin excavé menait du palais au point le plus élevé sans qu'on pût le voir de dehors.* Du reste, les routes visibles n'étaient pas même facilement accessibles aux ennemis. Le chemin de l'orient, comme nous l'avons dit, est par sa nature impraticable, *et une tour placée dans un passage très-étroit ferma celui de l'occident.* Cette tour, éloignée de la citadelle d'au moins mille coudées, était difficile à prendre, et il était impossible de passer devant (ou de la tourner). Bref, il était malaisé de sortir d'un pareil lieu, n'y eût-on pas rencontré d'obstacles étrangers. Et ainsi la nature, en même temps que l'ouvrage des hommes, défendait ce château contre des attaques ennemies.

« Quant aux approvisionnements, il fallait en admirer encore davantage l'abondance et les précautions prises pour leur durée; car il y avait beaucoup de blé en magasin et en quantité suffisante pour un long temps. Il y avait aussi du vin, de l'huile, des graines de toute nature, et des dattes en grand nombre. Éléazar trouva tout en bon état quand il s'empara par ruse de la forteresse avec ses sicaires, et aussi bien conservé que ce qu'on y avait déposé tout récemment, bien qu'il se fût écoulé près de cent ans depuis que la plupart de ces munitions avaient été préparées pour résister aux Romains. Bien plus, les Romains trouvèrent jusqu'à des fruits qui, après tant de temps, étaient restés intacts. On peut attribuer à l'air cette conservation extraordinaire, car la hauteur de la citadelle la défendait de toute émanation terrestre et corruptrice. En outre,

5.

on y voyait une quantité d'armes suffisante pour armer dix mille hommes, du fer brut, de l'airain et du plomb ; de façon qu'on aurait cru que ces préparatifs avaient été pris pour un motif très-sérieux. On dit qu'Hérode s'était préparé ce château comme une place de refuge, dans la prévision d'un double danger, d'abord une révolte du peuple juif qui, après l'avoir déposé, serait revenu à ceux qui auparavant avaient été ses rois ; ensuite, et c'était le plus pénible, la haine de Cléopâtre, reine d'Égypte. Celle-ci ne cachait pas ses projets, et s'en entretenait souvent avec Antoine, demandant qu'on tuât Hérode et suppliant qu'on lui donnât à elle le trône de Judée. Et s'il faut s'étonner de quelque chose, c'est qu'Antoine n'obéit jamais à son ordre, esclave comme il l'était de son amour, tandis que tout semblait faire croire qu'il céderait à ses obsessions. Monument des craintes d'Hérode, Massada restait debout, dernier boulevard des Juifs contre la conquête romaine.

« Lorsque Silva eut entouré tout le rocher d'un mur de circonvallation, comme nous l'avons dit plus haut, et qu'il eut mis tout ses soins et sa vigilance à empêcher que personne ne pût s'enfuir, il commença le siége, n'ayant trouvé qu'un seul endroit qui permît d'y élever une batterie. Après la tour, qui fermait le chemin de l'occident conduisant au palais et au sommet le plus élevé, *il y avait une éminence de rocher d'une assez grande étendue, mais plus basse que Massada d'environ trois cents coudées. On l'appelait Leucée.* Sitôt que Silva l'eut gravie et occupée, il y fit amasser de la terre par ses soldats. Grâce à un travail opiniâtre, une jetée fut élevée d'environ deux cents coudées de hauteur; cependant, le terrain ne parut pas assez solide, ni l'élévation assez grande pour les machines; au-dessus, on construisit une plate-forme composée de rochers énormes, haute et large de cinquante coudées. Il avait aussi des machines toutes semblables à celles que Vespasien d'abord et Titus ensuite avaient imaginées pour prendre les villes; une tour fut construite, ayant soixante coudées, entièrement revêtue de fer, d'où les Romains, à l'aide de beaucoup de scorpions et de balistes, repoussaient ceux qui combattaient sur les murs et les empêchaient de montrer la tête. En même temps, ayant fabriqué un immense bélier, Silva ordonna qu'on battît la muraille sans relâche, et à grand'peine il parvint à y pratiquer une brèche. Les sicaires aussitôt se hâtèrent d'élever un autre mur en arrière, qui pût résister aux coups des machines. Afin qu'il fût mou et qu'il amortît les coups les plus violents, ils le firent ainsi qu'il suit. Ils assemblèrent deux rangs de poutres couchées bout à bout; les deux rangées n'étaient distantes entre elles que de la largeur du mur, et dans l'espace intermédiaire ils mirent de la terre. Mais pour qu'en élevant ce parapet la terre ne s'éboulât pas, ils reliaient par des traverses les poutres horizontales. Cela formait une espèce d'échafaudage. Les coups des machines s'amortissaient sur le bois et la terre, qui, en se tassant par l'effet des chocs du bélier, rendait l'ouvrage plus solide encore. Quand Silva eut reconnu ce nouvel obstacle, il pensa qu'il en viendrait à bout plus facilement par le feu, et il ordonna à ses soldats d'y lancer force brandons ardents. Alors le mur, en grande partie construit en bois, prit feu de tous côtés, et produisit une flamme immense. D'abord, un vent de nord-est rendit la position des Romains horrible : car abattant la flamme, il la portait sur eux au point qu'ils désespéraient déjà et tremblaient de voir brûler leurs machines. Mais ensuite le vent, étant subitement passé au sud-ouest, rejeta la flamme avec violence sur le mur, qui fut consumé jusqu'à sa base. Les Romains, favorisés par Dieu, revinrent joyeux au camp, se proposant de monter à l'assaut le lendemain, et ils redoublèrent de vigilance pendant la nuit, afin que personne des assiégés ne pût s'enfuir.

« Du reste, Éléazar n'y songeait pas pour lui-même et ne voulait pas se séparer d'un seul de ses compagnons. Voyant le mur consumé, aucun salut possible, même à force de courage, et ayant sous les yeux ce que les Romains vainqueurs feraient à leurs femmes et à leurs enfants, il résolut de mourir avec tous ceux qui l'entouraient. Persuadé que c'était le seul parti qui lui restât, il réunit les plus braves de ses compagnons et leur adressa la parole... Il leur fit voir les conséquences d'une soumission, leur montra la volonté de Dieu dans le malheur qui les frappait, entourés comme ils l'étaient encore de munitions de toute espèce, dans l'endroit le plus inaccessible du monde. Cette volonté était si manifeste, leur disait-il, que le feu lui-même s'était refusé d'abord à les consumer, mais c'était la colère de Dieu qui leur amenait tous ces malheurs. Il valait mieux mourir libres, afin d'avoir une sépulture honorable, mais auparavant il fallait brûler l'argent et la forteresse, et n'épargner que les provisions, pour bien montrer que ce n'était pas la famine qui triomphait d'eux, mais qu'ils étaient d'avance résolus à préférer la mort à l'esclavage.

« Ainsi parlait Éléazar, et ceux qui étaient présents ne partageaient pas tous sa résolution : d'autres, au contraire, se préparaient à lui obéir avec enthousiasme, pensant que la mort était une belle chose. Les plus timides avaient pitié de leurs femmes et de leurs familles, et à ces préparatifs terribles se regardaient les uns les autres, les larmes aux yeux, indiquant qu'ils ne voulaient pas suivre le dessein désespéré de leur chef. Éléazar, les voyant trembler et s'abattre devant ce grand projet, craignit que leurs supplications et leurs larmes n'affaiblissent ceux qui l'avaient écouté avec courage. Il ne cessa donc pas de les exhorter; s'animant de plus en plus, il leur fit un discours sur l'immortalité de l'âme, et sa sauvage éloquence les entraîna de telle façon, dit Josèphe, que tous l'interrompirent pleins d'une ardeur diabolique, et se mirent à l'œuvre à l'envi l'un de l'autre. Chacun voulait faire preuve de courage et de résolution et tenait à gloire de ne pas être vu parmi les derniers vivants, tant était devenue grande la fièvre qui les avait saisis de se tuer eux, leurs femmes et leurs enfants. Et cette fièvre, comme on pourrait le croire, ne s'apaisa pas lorsqu'ils approchèrent du moment fatal, car ce qu'ils avaient promis de faire lorsque Éléazar les exhortait, ils se mirent résolûment à l'exécuter. La même fureur les animait tous dans cette pensée qu'en préparant la mort de leurs enfants, c'était faire acte de pitié et les sauver d'un malheur plus grand. En même temps ils embrassaient leurs femmes, prenaient leurs fils dans leurs bras et les pressaient sur leur cœur en leur donnant les derniers baisers. Puis, comme agissant avec des mains qui ne leur appartenaient pas, ils les transperçaient eux-mêmes. Ils se consolaient de la nécessité qui les condamnait à la mort, en songeant aux maux qu'ils auraient eu à souffrir en étant soumis aux Romains. Enfin, personne n'hésita pour accomplir ce crime horrible, et chacun tua ses plus proches parents. Malheureux pour lesquels c'était une nécessité et auxquels le meurtre de leurs femmes et de leurs enfants, de leurs propres mains, semblait le plus léger de tous les maux ! En conséquence, ivres de rage et de remords, et persuadés que c'était une offense pour leurs amis que de leur survivre un instant, ils entassèrent toutes leurs richesses pêle-mêle et y mirent le feu, puis, tirant au sort dix hommes pour les tuer, ils se couchèrent près de leurs femmes et de leurs enfants étendus à terre, et les embrassant, tendaient le cou à leurs camarades chargés d'un si triste ministère. Quant à ceux-ci, après avoir égorgé tous les autres sans hésitation, ils établirent le même ordre entre eux, de façon que celui à qui le sort le réservait, après avoir tué les neuf autres, devait se percer lui-même sur leurs corps. Telle était leur confiance les uns dans les autres ; ils savaient que pour tuer ou pour mourir, personne ne trahirait ses compagnons. L'un après l'autre, tous présentèrent la gorge au glaive ; un seul, et celui-là était le dernier, après avoir examiné la multitude des corps qui l'entouraient, afin de voir s'il y avait encore quelqu'un qui eût besoin de lui, assuré que tous étaient morts, mit le feu au palais, et se traversant le corps de son épée, tomba près des siens. Ils moururent croyant qu'il ne restait aucune âme vivante pour être prise par les Romains ; mais ils n'aperçurent pas une vieille femme, et une parente d'Éléazar, distinguée par son savoir et sa sagesse, avec cinq enfants, qui s'étaient cachés dans les conduits servant à amener l'eau sous terre, tandis que les autres ne pensaient qu'au massacre. Ils étaient neuf cent soixante avec les femmes et les enfants. Cette boucherie eut lieu le quinzième jour du mois de Xanticus.

« Les Romains, s'attendant au combat, se tenaient dès le point du jour sous les armes ; bientôt, de leur batterie ils jetèrent des ponts-volants et s'avancèrent à l'escalade. Ne trouvant personne de leurs ennemis, mais tout autour d'eux la solitude, le feu et le silence, ils étaient loin encore de deviner la vérité. Enfin, ils poussèrent un grand cri, comme au choc du bélier, pour défier ceux qui restaient encore dans la forteresse. Les pauvres femmes entendirent le bruit, et sortant de leur retraite, racontèrent ce qui s'était passé, et l'une d'elles dit avec grands détails les dernières paroles des sicaires et leurs derniers exploits. D'abord les Romains refusèrent de les croire ; un coup si hardi leur semblait impossible. Ils essayèrent d'éteindre l'incendie, et s'ouvrant un chemin au milieu des flammes, pénétrèrent dans le palais. En rencontrant les masses de cadavres, ils ne se laissèrent pas aller à la joie du triomphe, mais ils admirèrent la noble conduite d'hommes de cœur en si grand nombre, qui exécutaient une action si hardie et méprisaient tant la mort. »

Tout ce que je puis vous dire maintenant, Madame, c'est que les choses sont telles aujourd'hui qu'elles étaient du temps de Josèphe. Le chemin de la Couleuvre, c'est celui que nous avons suivi pour monter à Massada ; la tour d'entrée, nous l'avons retrouvée, nous avons levé le plan de ce palais d'Hérode et reconnu ces mosaïques dont il était pavé ; les conduits pour l'eau et où s'était cachée la pauvre femme qui a donné les précieux détails conservés par Josèphe, existent encore, ainsi que les citernes, ainsi que certaine grande cave dans laquelle on pénètre par des marches, et qui pourrait bien avoir servi de magasin pour toutes ces provisions amassées dans la crainte d'une attaque ; le sommet est bien uni et en terre labourable, les habitations sont rejetées au nord de la place, et on en peut reconnaître les enceintes et la forme ; une porte ogivale donne entrée dans la citadelle, et la présence de cette ogive, dont on ne peut contester la date, a par elle-même bien son mérite. Le mur construit par les Romains pour entourer la forteresse et empêcher les assiégeants de s'enfuir, est parfaitement reconnaissable, et il s'étend sur toute la montagne, au sud et au nord de Massada, semblable à un ruban, dont la hauteur où l'on se trouve permet de voir tous les contours. Enfin, maintenant que vous connaissez la citadelle et son histoire, laissez-moi seulement ajouter, et je n'en parlerai plus, qu'on la voit, en y entrant, comme le jour où les Romains y ont pénétré vainqueurs ; c'est l'aspect d'une place forte dont les murailles ont été renversées et démantelées, dont l'intérieur est en ruines, mais en ruines encore fumantes. Le temps a fait l'ouvrage des œuvres du siége ; la fumée du mur incendié par Eléazar s'est évanouie, mais la citadelle est telle qu'elle était alors. Nous aurions voulu y passer la journée entière, et ne pas laisser une pierre sans la dessiner, un pan de mur sans en lever le plan ; malheureusement, le temps nous pressait, nos bagages avaient pris les devants, le soleil était haut dans le ciel, et nous avions une longue journée à faire pour atteindre une source où nos pauvres chevaux, à jeun depuis la veille, pussent reprendre des forces. Nous-mêmes, accablés par la chaleur, nous avions hâte, malgré notre ardeur d'archéologues, de continuer notre route, et en conséquence le retour s'effectua. Il est plus facile de monter par le chemin de la Couleuvre que de descendre, et les précipices que nous ne voyions pas bien en leur tournant le dos, nous les avions perpendiculairement au-dessous de nous, obligés de mettre, comme le dit Josèphe, les pieds l'un devant l'autre en longeant des parois de roches verticales. Nous avions avec nous deux Arabes qui s'étaient écartés, depuis cinq minutes environ, à moitié chemin, et qui revinrent nous dire qu'ils trouvaient un peu d'eau dans un creux de rocher, à cinq cents pas de là. Vous dire avec quelle avidité on courut à cette mare croupie et sale, est inutile ; ce fut une des plus vives jouissances de la journée ; on rejoignit le chemin, et nous continuâmes notre route un peu restaurés par cette boisson saumâtre et amère. A moitié de la hauteur du rocher de Massada, nous remarquâmes des ouvertures pratiquées comme celles de toutes les nécropoles que nous avions déjà vues en Syrie ; mais celles-là sont dans un endroit parfaitement inaccessible, et je vous promets que ces chambres sépulcrales, si chambres il y a, étaient bien à l'abri de violations de tout genre. Après trois quarts d'heure de marche sur des pierres, tantôt unies comme des glaces, tantôt roulantes, et sur lesquelles il était difficile de se tenir, nous pouvions voir notre campement, et nos pauvres chevaux, la tête basse, ayant renoncé à toute pensée de se désaltérer, et paraissant commencer à s'habituer tristement à ce nouveau régime. Au moment de les rejoindre, nous trouvâmes Loysel ayant à côté de lui son fidèle écuyer, et fumant philosophiquement sa pipe. Voyant que la chaleur devenait trop forte, et que nous allions trop vite lors de notre départ, il avait immédiatement pris la résolution d'attendre notre retour pour fixer invariablement ses impressions sur la ville de refuge d'Hérode, après avoir au préalable inscrit dans son journal : « Le 11 janvier, visité la citadelle de Massada. » Satisfait de ce résultat, il avait dessiné la vue de la presqu'île, et nous avait attendus. Les œufs durs et les poules dévorées, nous montions à cheval en suivant une direction sud-ouest pour regagner le bord de la mer. A un quart d'heure du campement, et environ à cinq cents mètres du rocher de Sebbeh, nous passâmes au travers de deux enceintes carrées, en fragments de rochers amoncelés ; l'intérieur de ces enceintes était occupé par des lignes de pierres en tous sens, formant ainsi plusieurs compartiments ; des entrées en biais étaient parfaitement visibles aux côtés sud ; il n'y avait pas moyen de se méprendre sur l'origine et la destination de ces ruines : c'étaient là les deux camps placés en avant du mur dont les assiégeants avaient entouré Massada, et ayant ces portes en clavicules que nous savons se rencontrer toujours dans les dispositions stratégiques que prenaient les Romains en pareil cas. Nous traversions depuis notre départ les mêmes mamelons crayeux, dont les formes nous avaient tant intrigués la veille ; vers midi, Belly, qui avait cru apercevoir des pigeons ou des perdrix égarés dans ces parages, et qui marchait à côté de la caravane, le fusil à la main, accourut nous prévenir qu'il venait de reconnaître sur le sable des traces d'un animal énorme ; et en effet, nous vîmes bientôt nous-mêmes ces traces, se dirigeant vers un ouady appelé Ouad-el-Nemrieh (du tigre) ; vous voyez qu'il est bien nommé : c'était la forme de la griffe d'un lion avec la marque des cinq ongles à environ deux centimètres de l'empreinte des doigts. Cette griffe, au moment où nous ne nous y attendions pas le moins du monde, sans nous faire la même impression que le pied du sauvage dans *Robinson Crusoé*, ne laissa pas que de nous donner à penser, d'autant mieux que l'animal avait dû se retirer depuis peu de temps ; mais ce n'était qu'une empreinte, après tout, et nous étions bien armés. Dans la journée, nous trouvâmes des fragments de lave très-nombreux qui venaient jusqu'au bord de la mer, auprès de laquelle nous marchions, séparés seulement de la presqu'île que nous avions à notre gauche par une sorte de détroit de mille mètres de largeur tout au plus ; la mer était tout à fait calme et de la plus grande pureté ; nous attendions à tout moment de lui voir prendre une teinte sombre quelconque qui nous autorisât à confirmer le récit de tant de voyageurs célèbres, mais malheureusement le lac Asphaltite semblait avoir à cœur de démentir toutes leurs fables ; nous en étions enchantés, du reste, car c'est une des plus grandes satisfactions, dans une expédition scientifique, que de trouver ses devanciers en défaut, surtout quand ceux-ci concluent aussi affirmativement sur des choses qu'ils n'ont pas vues. Les fragments minéralogiques que nous rencontrions ne laissaient pas que de nous intriguer, lorsque nous passâmes sous un rocher noirâtre qui n'était autre chose qu'une de ces coulées de lave semblable à celles qu'on voit si fréquemment aux environs de Pompéi et du Vésuve. En suivant la direction ascensionnelle de cette coulée, on arrivait à une sorte d'amphithéâtre immense, formé par des rochers calcinés d'une grande hauteur et coupés en tous sens, constituant un cratère énorme, tel que nous en avons rencontré depuis cet endroit plusieurs fois, car nous approchions du théâtre de la catastrophe célèbre des villes maudites. Nos Arabes nous apportaient sans cesse des morceaux de bitume et de soufre qu'ils ramassaient sur la plage ; un bloc de bitume, entre autres, de la grosseur d'une tête humaine, et de la plus grande beauté. En continuant toujours le long de l'eau, nous croisâmes deux ouadys successifs portant le même nom, Ouad-el-Hafâf.

Enfin, Madame, après une route de deux heures encore, rendue bien pénible par la chaleur, la fatigue de nos montures qui mouraient de soif, et la nôtre, résultat de notre promenade du matin et du manque d'eau qui nous faisait aussi cruellement souffrir, nous atteignîmes l'embouchure d'un ouady coupé exactement comme ces tranchées ouvertes chez nous, dans les collines, pour les voies de fer ; au bord de cette embouchure s'élèvent les ruines d'une sorte de station carrée de même construction que Massada, et portant le nom de Galaat-Embarrheg. Elles commandent tous les pays d'alentour et défendent l'entrée de la gorge béante dans laquelle nous nous engagions pour passer la nuit, ignorant encore si nous y trouverions de quoi nous désaltérer et nous reposer en sécurité. Cette gorge de Maïet-Embarrheg, composée de calcaire jaunâtre d'une dureté extrême, est à son entrée de la plus grande sauvagerie; on croirait pénétrer dans un volcan, et rien ne donne l'idée de ce qu'elle peut contenir; mais en tournant un coude presque à angle droit, on se trouve tout à coup dans une sorte de salle gigantesque, à laquelle il ne manque qu'un plafond pour être parfaitement régulière; un ciel pur en tenait lieu ce jour-là, et quelle ne fut pas notre joie en apercevant nos tentes déjà dressées, tous les mulets déchargés, notre cuisine établie et Mattéo surveillant notre modeste festin; du reste, nous y fîmes peu d'attention pour admirer plus à notre aise le magnifique spectacle qu'offrait le vrai paradis terrestre où nous venions d'entrer; au fond de cet espace à peu près rectangulaire où était le camp, et s'enfonçant à l'ouest dans les montagnes, continue l'Ouady-Maïet-Embarrheg, et là un ruisseau d'une limpidité incomparable se perd dans le sable le plus fin et le plus frais. Les roseaux énormes d'Engaddi y croissent par bouquets d'une élévation colossale; mais ce n'est plus dans un endroit ouvert, c'est dans un véritable couloir, dont les côtés, élevés d'environ huit cents pieds, surplombant et presque réunis à leur sommet, ne permettent au soleil de pénétrer que pour entretenir la végétation sans détruire cette fraîcheur de tous les lieux où coulent des sources vives. Le ruisseau, bondissant de rochers en rochers, tantôt passant au milieu des roseaux dont il mouille le pied, tantôt formant de petits bassins naturels au-dessous des pierres énormes qu'il franchit en murmurant, donne à ce délicieux endroit un aspect vraiment enivrant. De cette côte brûlante qui nous avait épuisés toute la journée, nous nous trouvions de nouveau dans un autre monde, et, comme toujours, sans y être préparés par rien. Nous ne pouvions nous lasser d'écouter couler cette source tant désirée, et, laissant nos chevaux avaler à longs traits son eau précieuse, nous voulions, avant de nous rassasier nous-mêmes, avoir le bénéfice de notre soif et la défier au moment de la satisfaire. Joignez à ce spectacle les échos qui répétaient les bruits du camp, la vue de nos Arabes, le yatagan à la main et faisant tomber ces grands roseaux, sorte de réserve placée par la Providence dans le pays le plus aride pour nourrir leurs montures, l'aspect d'une vie civilisée au milieu de cette solitude si riche, et vous vous figurerez facilement l'espèce d'enthousiasme dont nous étions saisis à la source d'Embarrheg ; nous ne voulions plus nous en aller, et il fallut la faim qui nous dévorait pour nous faire regagner au milieu des détours de cet ouady bienheureux nos tentes et notre dîner.

Le silence le plus absolu dans ce bel endroit, un air de sécurité, peut-être effet de l'imagination, mais bien doux pour des gens aussi fatigués, et le ciel parsemé d'étoiles, voilà notre nuit d'Embarrheg ; aussi le repos fut-il complet, et nous étions prêts le matin, très-dispos et impatients de repartir, car nous approchions de Sodome, et, sans le savoir aussi, de la partie la plus curieuse de notre voyage. Le chemin que nous suivions longeait la mer dans une direction sud, et nous avions dépassé la presqu'île que les Arabes appellent *El-Liçan* (la langue); en effet, c'est bien une véritable langue qui s'avance dans les eaux, formant ainsi un second bassin d'environ trois lieues de longueur sur trois de largeur. Les Arabes disent que dans le plus chaud moment de l'été, on peut passer à gué de la presqu'île sur le rivage ouest de la mer, et deux voyageurs anglais, Irby et Mangles, qui ont seuls examiné la presqu'île avant les Américains et nous, rendent le même témoignage. Cependant, les sondages de l'expédition du capitaine Lynch, qui donnent une profondeur de deux brasses, rendent ce fait difficile à admettre. Ce second bassin est infiniment moins profond que le reste de la mer, qu'il termine par un contour à peu près circulaire. La côte, depuis Maïet-Embarrheg, était presque verdoyante : des touffes d'une végétation un peu rabougrie et maigre, il est vrai, éparses sur le rivage, suffisaient cependant à lui donner un air plus gai et plus vivant. Vers neuf heures, nous croisâmes un ruisseau très-faible et dont les eaux arrosaient à peine le terrain : mais ces eaux répandaient une odeur de soufre extrêmement forte, qui rappelait exactement celle des bains thermaux de Baréges ou de Saint-Sauveur ; de plus, la saveur âcre et salée de la mer était devenue complétement intolérable au goût, et des exhalaisons qui étaient évidemment sulfureuses aussi, révélaient sur quel terrain volcanique nous marchions. A dix heures, nos scheikhs nous firent arrêter afin de nous rassembler tous : nous approchions de la montagne de sel, et nous avions, avant d'y arriver, à traverser des bouquets d'arbres ou plutôt des buissons assez clairsemés, mais derrière lesquels il y avait probablement, nous disaient-ils, des vagabonds cachés qui pouvaient très-bien nous dévaliser, pour peu que nous fussions écartés les uns des autres ; car il faut vous dire que la partie de la caravane qui aimait la chasse, à la moindre occasion, sautait à bas de cheval et se promenait de tous les côtés, furetant, cherchant un gibier un peu imaginaire, malheureusement pour nos dîners ! mais enfin, cédant à ce bonheur des vrais chasseurs, qui est de chercher là même où ils sont sûrs d'avance qu'ils ne trouveront rien. Pour moi, j'aime la chasse, mais quand il ne faut pas marcher ; aussi mon fusil restait invariablement couché sur mes genoux, et ne s'en éloignait que lorsque des oiseaux passaient tellement près que je pouvais les ajuster sans me déranger. D'ailleurs, je tire fort mal, vous le savez, et je n'ai à me reprocher que peu de meurtres ; ayant été assez heureux pour tuer par hasard un pauvre aigle à moitié gelé par le froid du matin, aux environs de Djenin, près de Nazareth, je m'en tenais là et je me reposais sur mes lauriers ; du reste, j'étais, comme je vous l'ai dit, attaché au cheval de Saulcy afin de donner les heures à chaque instant, ce qui m'interdisait toute réjouissance de chasseur. Pardonnez-moi cette digression, mais elle vous expliquera comme quoi nous étions quelquefois disséminés, et près de la montagne de sel ce n'était pas le moment. Quand tout le monde fut réuni, nous reprîmes notre marche avec nos Arabes d'escorte, dispersés en éclaireurs au milieu des buissons, et n'en laissant pas un dont ils ne fissent le tour. Cette espèce de forêt qui, pour être exact, ne méritait pas ce nom, dura environ trois quarts d'heure, puis nous rentrâmes dans le désert et l'aridité ; mais cette aridité était amplement expliquée dans cet endroit par le terrain que nous foulions aux pieds : nous étions sur le territoire de Sodome, et nous allions toucher à l'extrémité de la mer Morte ; à notre droite nous avions un cratère de volcan masqué par une colline, mais bien reconnaissable à ses pans perpendiculaires et taillés en amphithéâtre ; c'est l'ouad-ez-Zouera, à gauche la mer se rétrécissant et bordée à l'est par des rochers immenses presque noirs, et enfin devant nous une montagne isolée d'environ cinq kilomètres de largeur, et auprès de laquelle nous étions obligés de passer pour atteindre le sud et pouvoir ensuite traverser la plaine immense qui sépare l'ouest de l'est. C'est une montagne célèbre dans l'histoire ; nous n'avions plus devant nous un sol ordinaire, fertile ou non : c'était une espèce de croûte de sel mélangée d'un peu de terre, sur laquelle les pieds de nos chevaux marquaient une assez profonde empreinte ; la teinte de la montagne était jaunâtre en général, et sa forme à peu près ronde. A environ deux kilomètres avant d'arriver à sa base, on nous fit faire un petit détour pour éviter un endroit où, il y a un an, un chameau chargé disparut dans un gouffre qui s'ouvrit subitement à environ quatre-vingts pieds de profondeur : c'était cette couche assez légère qui, fondue par suite des pluies, avait entr'ouvert l'abîme qu'elle recouvrait ; ce détail peut vous faire comprendre l'intérêt d'un genre tout à fait particulier qui s'attachait à notre marche sur un sol aussi trompeur ; mais le terrain ne s'effondra pas, et à onze heures nous passions l'angle nord de la montagne de sel. Là se trouve une ruine assez considérable, composée d'un amas de pierres informe ; c'est le *Redjoum el mezorrhel* (le Monceau bouleversé); à droite et couvrant un espace d'environ trois kilomètres, sont d'autres ruines, mais ruines comme celles d'Engaddi, à fleur de terre, comme seraient celles d'une maison qu'on raserait exactement et dont il ne resterait de visible que les fondations, conservant de certains angles qui indiquent la présence d'anciennes constructions : nous avons constaté une grande quantité de ces angles si importants, puisqu'ils attestent la présence d'une ville, et de quelle ville : de Sodome (4) ! La conviction acquise que Sodome était là, non pas sous les eaux, comme se plaît à le penser le public intelligent qui ne croit que ce qu'il veut bien croire, comme l'a affirmé très-légèrement l'expédition conduite par le capitaine Lynch ; cette conviction, dis-je, nous sembla la première récompense de nos fatigues ; ce n'était, du reste, que le commencement, mais nous connaissions Sodome, *Sdoum*, comme le disaient nos Arabes, près de la montagne qui porte son nom, Djebel-Sdoum *, il n'y avait pas là à douter.

Continuant toujours sa marche, la caravane longeait le pied du Djebel-Sdoum. C'est bien du sel,

---

* Le Djebel-Sdoum est appelé aussi par les Bédouins Djebel-el-Melehh, ou *montagne de sel*.

Madame, du bel et bon sel que ce rocher haut de trois cents pieds et long de douze kilomètres ; nous en avons brisé des fragments à toutes les distances et de toutes les teintes, afin de nous trouver détrompés, mais tous les fragments étaient sans exception du sel à peine mélangé d'un peu d'argile. Trois teintes différentes divisent à peu près également la montagne : verdâtre vers le sommet, rosée au milieu, puis jaunâtre et grise vers la base. Des stalactites sont suspendus aux flancs du Djebel-Sdoum jusqu'à sa cime, et ces flancs eux-mêmes sont ouverts en plusieurs endroits par des crevasses, résultat des pluies de l'hiver qui déterminent des mouvements dans la masse et par suite des déchirements à la superficie. Des blocs de toutes dimensions, détachés par les mêmes causes, couvrent le terrain d'environ cent mètres qui sépare à son extrémité nord la montagne de la mer. Quant à cet espace, il va toujours en se rétrécissant, et d'ailleurs on ne peut en fixer exactement l'étendue, parce qu'il diminue ou augmente suivant les saisons, selon que les eaux s'élèvent plus ou moins. De temps à autre, des mares d'eau complétement blanches se trouvaient devant nous, et deux Bédouins s'occupaient à en extraire le sel pour l'emporter dans leur campement. Nous ne pouvions pas revenir de notre étonnement à la vue de ce singulier rocher de nouvelle composition, isolé ainsi au milieu de tant de montagnes environnantes, et toutes sortes de souvenirs bibliques venaient nous assaillir ; mais j'ai moins d'imagination que le capitaine Lynch, et si cet habile explorateur a pu voir la statue de la femme de Loth et aller jusqu'à en donner un dessin, je ne pourrai, moi, ni vous en attester la présence, ni vous en fournir la représentation : car je ne l'ai pas vue, et, qui plus est, je crains fort qu'on ne puisse pas la voir ; le capitaine Lynch s'est peut-être autorisé de certains vers de Tertullien, qui donne des détails très-précis sur cette prétendue statue, ou d'œuvres d'autres écrivains, plus crédules encore ou plus... inexacts ; mais dans ce cas il aurait dû lire la fin de tous les passages où il en est question, et où l'auteur qui parle a soin d'ajouter : « Je ne l'ai pas vue, n'y étant pas allé. » Nous aurions bien voulu leur donner raison à tous. Quelle gloire pour un musée national que de posséder la statue de la femme de Loth ! mais cette gloire leur sera refusée à tous, je vous le garantis.

Nous côtoyions depuis deux heures la montagne, ramassant force échantillons et regardant de tous nos yeux, et nous venions de franchir l'extrémité de la mer Morte, dont les eaux vont en diminuant de profondeur se terminer, comme je vous l'ai dit, en formant un demi-cercle, lorsque nous passâmes devant une grotte naturelle dont une crevasse formait l'entrée. Hamdan et Abou-Daouk nous conseillèrent de rester à cette place pour y déjeuner. Il était midi, et ne voulant pas que les bagages pussent être arrêtés dans des embuscades, toutes les mules furent amenées près de nous. Nous nous assîmes sur un rocher de sel, et le déjeuner commença. Depuis le matin, Hamdan avait l'air très-soucieux; il n'avait plus sur les lèvres le doux sourire qui les animait toujours; au lieu de relever son kafieh et d'en faire l'élégant turban qui encadrait si bien son visage, il l'avait fait retomber en le retenant seulement par la corde de chameau; il avait examiné avec soin ses armes; enfin, tous ses hommes ne nous quittaient plus, même pour éclairer la route, surtout depuis que nous longions le Djebel-Sdoum. Nous nous doutions bien que nous entrions sur un territoire sujet à caution, mais nous ne nous savions pas si près du danger que nous l'étions en effet. Le déjeuner terminé, nous remontâmes à cheval et nous quittâmes la grotte, formant une colonne serrée et commençant à avoir de certains pressentiments qui trompent rarement en pareil cas; à peine avions-nous fait cinquante pas que nous aperçûmes la tête d'un chameau dépassant à peine un petit pli de terrain. Hamdan, s'approchant de moi, me dit :

7.

« Les vois-tu ? »

Je ne voyais absolument rien ; ce mot fut immédiatement répété à Saulcy, qui nous dit : « Messieurs, préparez vos armes, approchons des mules, que tout le monde reste près de moi en cas d'attaque et mette immédiatement pied à terre. »

A ce moment, le bruit des batteries de fusil qui s'armaient fut le seul qu'on entendît, car nos muletiers ne chantaient plus, tout le monde marchait silencieusement, occupé à mettre à portée balles, poudre et capsules ; en moins de trois minutes tout fut disposé, et Saulcy, se tournant de mon côté, me dit : « Je crois que voilà le moment. » A l'instant où il prononçait ce peu de mots, dont je saisissais à merveille la portée, Abou-Daouk et Hamdan, qui marchaient en tête, partirent à fond de train vers le pli de terrain où ils voyaient ce que nous n'apercevions pas nous-mêmes : mais quelque rapide que fût la course de leurs chevaux, elle ne l'était pas plus que celle de tous leurs Arabes. En effet, sitôt que ceux-ci avaient compris de quoi il s'agissait, ils avaient relevé leurs robes autour de leurs ceintures et avaient détaché leurs fusils, regardé si leurs yatagans sortaient bien du fourreau, et avaient immédiatement entouré leurs scheikhs respectifs. Rien n'était plus émouvant que de voir tous ces hommes qui, sans connaître le danger dont ils étaient menacés et uniquement parce que leur chef y courait, le suivaient sans aucun ordre venant de lui, par un de ces dévouements qui, chez eux, ne raisonnent jamais. Un des Tâ'âmerâ d'Hamdan entre autres, qui était resté en arrière de la caravane, doublait d'efforts pour rejoindre ses compagnons et s'associer à leur sort, avec une ardeur qui réjouissait à voir. Ils disparurent bientôt tous, et nous, avançant toujours, nous ne tardâmes pas à atteindre l'endroit qui nous inquiétait : là, quarante Bédouins environ étaient accroupis et nous attendaient. Lorsqu'ils virent accourir notre escorte, ils furent immédiatement debout, et on put voir qu'ils avaient réuni toutes les armes en leur possession. Heureusement qu'elles se réduisaient à quelques fusils à mèche, à des massues en bois très-dur et à des sabres mal attachés. Tandis que nous, bien que peu nombreux, et sans compter nos Arabes, qui portaient chacun leur fusil, nous avions soixante balles à tirer avant de recharger nos armes. En approchant de ces étrangers, nous fûmes de suite à terre les uns près des autres, et les Bédouins commencèrent à nous regarder avec grand soin, nous et nos bagages surtout : puis, sans que rien fût dit, ni rien convenu, chacun d'eux, prenant un de nos hommes, mit son front contre le sien et l'embrassa ensuite de l'air le plus affectueux du monde. Les figures de ces Bédouins étaient ce que vous pouvez imaginer de plus hideux ; la moitié au moins était des nègres avec ce nez plat et ces lèvres énormes qui donnent à la figure l'air si repoussant ; le reste se composait de nègres également, moins les traits, tous à peine défendus contre le soleil par des haillons misérables. Un d'eux, entre autres, nu jusqu'à la ceinture, brandissait une énorme massue d'un air de sauvagerie terrible. Au même moment et avant que nous pussions comprendre ce dénoûment qui avait l'air de la paix ou peut-être d'une trahison, deux cavaliers accoururent à bride abattue : l'un était le frère d'Abou-Daouk, sur son cheval gris, l'autre un jeune homme armé d'une lance et monté à poil sur un poulain bai, sans bride. Voici ce qui avait eu lieu.

Abou-Daouk, qui ne faisait pas de fantasia et ne se montrait qu'aux moments difficiles, avait bien pensé que les Bédouins de l'autre rive de la mer étaient instruits de notre venue depuis notre départ même de Jérusalem, et en arrivant aux environs du Djebel-Sdoum, il avait expédié son frère de l'autre côté de la mer chez les tribus qui y tenaient leur campement, pour négocier la grande affaire de l'hospitalité à des prix un peu modérés. Il y était allé en effet, avait suivi les instructions de son frère, et sans rien spécifier il avait promis au scheikh du premier campement qu'il serait bien traité et n'aurait pas à se plaindre de nous. Là-dessus le scheikh avait dit qu'il serait satisfait de nous voir, mais ses hommes avaient ajouté que s'il recevait un présent, ils voulaient en avoir leur part, que sinon ils nous refusaient l'entrée de leurs tentes. Le scheikh avait répondu qu'ils n'auraient rien et qu'ils voulussent bien s'occuper de leurs affaires. C'était bien leur intention, comme vous allez le voir, car ils répondirent que puisqu'il en était ainsi, ils allaient venir nous dévaliser. Le frère d'Abou-Daouk leur avait dit tout simplement : « Libre à vous, mes chers amis, mais je vous donne une minute et demie tout au plus pour être tués jusqu'au dernier ; maintenant, allez. » Ils étaient venus nous attendre et avaient reconnu à l'inspection de nos armes que notre ami disait vrai ; c'est ce qui avait décidé cette effusion amicale et spontanée dont nous ne pouvions nous rendre compte. Cet épisode nous avait retenus environ trois quarts d'heure, après lesquels nos Arabes et les Bédouins se séparèrent, les uns pour suivre leurs scheikhs et nous accompagner, les autres pour regagner leur campement, en suivant l'hypothénuse du triangle que nous étions obligés de tracer pour traverser la plaine qui s'ouvrait devant nous. Nous continuâmes alors le long de la montagne de sel toujours au sud, n'ayant plus à notre gauche les eaux de la mer comme le matin, mais une plaine immense d'environ trois lieues de large, complétement nue, entièrement composée de cette croûte des environs du Djebel-Sdoum; des détritus d'arbres morts, apportés du Jourdain par les courants, rompaient seuls la monotonie de cette étendue de terrain désolé. Cette plaine, appelée par les Arabes Sabkhah (la fangeuse), était terminée à l'est par une verdure que nous apercevions à peine, et au sud par une rangée de collines qui fermaient l'horizon, et derrière lesquelles s'allonge le désert où se trouve Pétra. Au sud-ouest un ouady unique donnait passage à un torrent alors desséché, mais dont les eaux se dirigent du sud au nord dans la mer. Environ à deux lieues de l'extrémité de la montagne de sel, nous prîmes une direction complétement est pour traverser la Sabkhah; les Bédouins du matin ne se voyaient plus que comme des petits points noirs dans la direction que nous suivions, et nous, derrière nos scheikhs, nous commencions à nous avancer sur ce terrain uni, obligés de nous en rapporter aveuglément à la connaissance des lieux que possédait notre escorte. La plaine, alors facile à traverser, n'en était pas moins un mauvais pas : cette nature de sol argileux et salé, toujours un peu humide, même par les chaleurs, cédait sous les pieds des chevaux qui entraient jusqu'au-dessus du paturon; les mules, comme c'est leur habitude en pareil cas, voyant un espace immense devant elles, se livraient à tous les écarts permis à leur étroite intelligence, et considérant la nécessité de se suivre comme l'effet d'une prudence mal entendue, préféraient choisir les endroits où la terre n'avait pas encore été foulée, et alors enfonçaient jusqu'aux genoux dans des fondrières. Du reste, il n'y avait pas de danger ce jour-là à franchir la Sabkhah, et à trois heures nous n'étions plus qu'à une demi-lieue de cette végétation dont nous ne distinguions pas de loin la nature, et qui n'était autre chose que ces joncs immenses dont je vous ai parlé déjà plus haut. Nous entrions dans ces roseaux à trois heures et demie, très-peu rassurés; ils dominaient notre tête d'environ douze pieds; de toutes parts on entendait des voix humaines dans les environs. Nous défilions les uns à la suite des autres, dans l'impossibilité, en cas d'attaque, de nous porter mutuellement secours, voyant de temps à autre, quand les joncs s'éclaircissaient un peu, passer la chemise blanche d'un Arabe, surtout n'ayant pas oublié que nos brigands du matin venaient de nous précéder de quelques instants dans le même endroit, et craignant qu'ils ne voulussent prendre là leur revanche. Enfin, après une heure de route au milieu des joncs, on se trouva tout d'un coup dans un tout autre pays, et dans quel pays! Ce n'était plus rien de ce que nous avions vu jusque-là. Engaddi n'était qu'un désert en comparaison, et Embarrheg (5) un lieu désolé; les plantes de ces deux endroits se retrouvaient dans cette oasis, mais avec une abondance et une richesse admirables; de plus, des arbres épineux et couverts de fleurs rouges et blanches, entrelacés ensemble, réunis en faisceaux inextricables, formaient des bouquets immenses dont les longues branches retombaient de tous côtés et leur donnaient l'aspect de gerbes colossales. Dans ces bouquets d'arbres, on entendait le gazouillement de petits oiseaux délicieux : c'étaient le sucrier des Indes avec sa gorge verte dorée et ses ailes tachetées de feu, c'étaient mille autres petits habitants de ces demeures si bien défendues, des tourterelles ravissantes avec la poitrine d'un violet grisâtre et changeant : au milieu d'eux, des éperviers, des chouettes et des hiboux, et la terre, de temps à autre ensemencée, était labourée en tous sens par les sangliers qui, à la forme de leur pied, devaient être énormes. Vous voyez, Madame, qu'il y a des êtres organisés vivant sur les rives de la mer Morte! Nos amis les chasseurs faisaient à ces pauvres colombes les yeux les plus meurtriers, ne pouvant leur nuire d'une autre façon, car Saulcy, dans un but bien facile à comprendre, avait positivement défendu qu'on tirât un seul coup de feu, afin de ne pas mettre sur pied les Bédouins du voisinage, et par suite nous amener de nouvelles difficultés. Les cris continuaient toujours autour de nous, et nous nous tenions le fusil armé, prêts à tout; c'était bien naturel, surtout dans un pays aussi rempli d'arbres. A côté de nous chevauchait depuis notre aventure de la grotte le jeune homme sur le poulain bai avec sa lance sur l'épaule, les jambes nues, et ressemblant assez à ces figures qu'on voit sur les bas-reliefs antiques, d'autant mieux que son cheval avait la crinière coupée en brosse et la queue très-courte; comme les autres, il avait un nez plat et la bouche assez proéminente, mais il était moins noir et avait une manière d'être qui sentait un peu le ton du commandement : il dit à Saulcy qu'il était le scheikh de ceux qui étaient venus à notre rencontre, ce qui fut loin de nous faire plaisir; que son campement était à deux pas de là, et que nous allions y passer la nuit, ce qui acheva de nous déplaire. Saulcy me transmit les paroles du scheikh et ajouta, en employant une expression aussi originale qu'énergique et que vous me dispenserez de reproduire : « Cela va bien. » Quelques minutes plus tard, le son de bêlements de chèvres, les cris qui se rapprochaient, les chameaux dispersés dans les buissons et choisissant sur les arbres avec leur long cou celles des feuilles qui leur convenaient le mieux, tout cela, dis-je, nous annonça l'approche d'un endroit habité, et débouchant sur une clairière, nous vîmes une réunion de vingt tentes environ; c'était le campement de la tribu des Abouethât, Bédouins nomades, possesseurs de Pétra, qui viennent là pendant l'hiver.

Notre joie fut médiocre en retrouvant dans les habitants du lieu nos aimables étrangers du matin! Mais il n'y avait pas à choisir, le mieux était de faire contre mauvaise fortune bon cœur, et d'avoir une figure satisfaite devant les hôtes gracieux chez qui nous étions. A peine fut-on arrêté, que le village entier, composé d'environ deux cents hommes, sans compter les femmes et les enfants, nous entoura et vint nous regarder absolument comme des bêtes curieuses; les femmes n'étaient pas jolies, je puis l'affirmer, et portaient dans leurs bras d'horribles petits nourrissons auxquels elles donnaient un sein épuisé. Le costume des femmes se compose invariablement chez tous les Bédouins d'une robe bleue foncée, attachée autour du corps par une ceinture; un voile de la même étoffe leur couvre souvent la tête, et elles en ramènent sur leur visage un coin de manière à le faire passer devant le nez et à le rattacher au-dessus du front, ce qui laisse voir les yeux des deux côtés et produit un bizarre effet. Du reste, elles ne sont pas dans ces endroits-là très-scrupuleuses pour se cacher le visage, car nous en avons vu beaucoup qui venaient nous considérer avec la figure découverte ; et cependant la coquetterie devrait bien consister pour elles à faire supposer leurs traits plus séduisants en les dissimulant un peu mieux ; sans cette précaution l'illusion n'est pas possible. Quant aux enfants, ce sont les plus vilains monstres qu'on puisse voir : ils ont une bouche immense, des yeux souvent très-renfoncés, à moins qu'ils ne soient à fleur de tête, et pour coiffure, ils ont une touffe de cheveux par derrière, le reste du crâne dépouillé et une mèche par-devant, au-dessus du front, comme une véritable visière. Ils portent une robe ou plutôt un fantôme de robe, et sont à vrai dire nus. Tout cela vit pêle-mêle sous ces misérables tentes de toile à peine élevées de trois pieds au-dessus du sol, avec les chevaux, les chiens et le reste. La polygamie existe très-peu chez eux, car elle serait là, comme un peu partout en Orient, la conséquence de la richesse. En France nous avons, quand notre fortune nous le permet, deux ou trois chevaux dans notre écurie, suivant notre revenu ; chez les Bédouins on a plus ou moins de femmes dans son harem ; c'est donc par économie et non par principe qu'on n'en a souvent qu'une. Pendant que les tentes se dressaient et qu'on déchargeait les chevaux, le scheikh arriva, traînant par la tête deux chevreaux; il était précédé de son fils qui portait une jatte en bois pleine de lait de chamelle. Toute désillusion à part sur le motif plus ou moins désintéressé de ce présent, l'attitude de ce Bédouin qui était probablement couvert des mêmes vêtements que jadis ses pères, venant offrir à ses hôtes le seul revenu dont la quantité plus ou moins grande constitue son influence sur ses sujets, avait quelque chose d'assez saisissant; aussi nous disions-nous avec Saulcy : « Comme ces gaillards-là ont de belles tournures et comme ils ont l'air noble dans leurs haillons et dans leur misère; c'était ainsi qu'étaient Jacob et les autres. » Nous ignorions encore que si les autres et Jacob eussent été comme les Ahouethât, ils auraient été de profonds scélérats ; mais cela fait tant de plaisir de voir sous leur bon côté les choses ici-bas, que nous nous sentions pour le moment parfaitement heureux et rassurés, d'autant mieux qu'après nous avoir offert ces présents, le scheikh nous dit que nous étions chez lui ses hôtes, que nous pouvions disposer de tout ce qui lui appartenait (nous ne connaissions pas encore la valeur de cette formule), et qu'il répondait que pas un cheveu de notre tête ne serait touché : en même temps il fit tracer un cercle autour de nos tentes, puis tendre une corde que personne ne pouvait dépasser. Nous nous retirâmes pour coordonner les résultats de la journée, rédiger les notes et nous mettre en devoir de passer la nuit tranquillement. Nous savions que les Bédouins, à défaut d'autres vertus, ont celle de l'hospitalité, même pour leur plus grand ennemi, à qui ils donnent, ainsi qu'à tous leurs hôtes, trois journées entières pour s'éloigner, avant de se croire le droit de l'attaquer, et cette pensée nous mettait à l'aise, pour la nuit du moins. Peu à peu les chameaux des Ahouethât rentrèrent du pâturage avec les chèvres ; la nuit arriva étoilée comme les autres, et à neuf heures on n'entendait plus que le bêlement du troupeau et ce bruit guttural et rauque que font les chameaux quand ils sont couchés et se rappellent avec bonheur une plante qui leur a fait plaisir à manger.

Quand le soleil fut levé, nous l'étions déjà nous-mêmes, faisant charger nos mules et discutant entre nous de quelle manière nous reconnaîtrions l'hospitalité que nous venions de recevoir chez les Ahouethât; les drogmans étaient d'un avis, nous d'un autre, Hamdan d'un troisième ; mais malheureusement nous n'avions pas encore consulté les seuls intéressés dans la question, et nous faisions des calculs basés sur des probabilités de délicatesse déplacées chez des populations comme celles-là. Tout était prêt, et nous allions partir ; il était six heures, et nous voulions tâcher de faire une longue journée, afin de séjourner le moins possible dans des campements, et par suite donner peu de prise à la cupidité des Bédouins. Hamdan fut donc dépêché auprès du scheikh pour lui proposer une somme d'argent largement égale au prix des deux chevreaux qui nous avaient été offerts, et de plus nous lui donnions pour sa femme une paire de bracelets en argent apportés par nous de Paris exprès pour des présents de cette nature, et des colliers de corail ; nous croyions ainsi l'indemniser du droit qu'il nous avait accordé de passer la nuit au milieu de son campement. Mais nous étions encore sous l'influence de ces sentiments qu'on appelle généreux chez nous, et nous ne faisions pas davantage, dans la crainte fort sincère de blesser sa fierté. C'était de la simplicité, car immédiatement les hommes influents du campement tinrent conseil en s'asseyant par terre, pour discuter sur l'opportunité qu'il y avait à accepter nos offres ; appuyés sur nos fusils et contre nos chevaux, nous croyions que nous allions recevoir des remercîments et des témoignages de gratitude ; mais à sept heures, après une heure de conciliabule à voix basse, Hamdan, la figure un peu troublée, vint nous dire que le prix n'était pas assez fort et que nos hôtes étaient loin d'être satisfaits. « Ceci prend une vilaine tournure, me dit Saulcy, c'est tout bonnement la carte à payer qu'ils sont en train de fixer ; je le prévoyais déjà hier soir. » Alors nous fîmes répondre de nouveau, toujours par Hamdan, que nous voulions bien doubler la somme d'argent, et que nous étions heureux de donner cette nouvelle preuve de notre munificence, croyant que les grands mots avaient la chance de produire un effet quelconque sur ces natures que nous supposions primitives. Il en résulta un nouveau conseil dans un autre endroit ; celui-là dura une heure et demie au moins ; jugez de notre bonne humeur. Le mot d'infâmes brigands approchait singulièrement de nos lèvres, mais nous n'étions pas assez sûrs de son à-propos pour le laisser échapper encore, lorsque Hamdan revint, cette fois complétement bouleversé. « Ils demandent six cents piastres, nous dit-il, sans lesquelles ils ne nous laisseront pas partir. » Le mot fatal fut alors exprimé sans aucun ménagement, mais c'était bien pour satisfaire notre amour-propre, car il fut immédiatement décidé qu'on compterait au scheikh son argent, puis qu'on se sauverait au plus vite vers des lieux habités par des gens moins rapaces. L'argent fut déposé en effet entre les mains de notre hôte, qui le recompta lui-même pour plus de sûreté : alors on lui donna les deux petits bracelets, qui étaient, il faut le dire, un peu légers, mais enfin en vrai argent, et les pesant l'un après l'autre dans ses mains, il nous demanda à plusieurs reprises si nous ne le trompions pas, et si la matière n'en était pas fausse. Sur nos déclarations réitérées, il prit les bracelets d'un air très-méfiant et disparut. Notre première rançon était payée, nous pouvions donc partir : nous ne nous le fîmes pas répéter, et la caravane quitta les Ahouethât, en perdant sa première illusion sur la noblesse des sentiments arabes.

Après la clairière dans laquelle était établi le campement, nous nous sommes retrouvés dans le même jardin que la veille, au milieu des beaux arbres épineux et des plantes de toutes espèces dont les échantillons furent pris avec soin comme cela se faisait toujours; à notre droite, sur une colline à environ trois kilomètres, était une ruine appelée par les Bédouins Safieh, que nous n'avions malheureusement pas le temps de visiter : par bonheur, il n'y avait rien à y voir : derrière, étaient ces rochers noirs que nous voyions depuis la montagne de sel, en calcaire bitumineux et en lave; au milieu de cette oasis qui, chez les Bédouins, porte le nom de Rhôr-Safieh (marais de Safieh), coule un admirable cours d'eau qui vient d'un des ouadys du sud, et qui se jette dans la mer Morte au-dessous de la presqu'île ; nous avions à peine marché pendant une heure escortés par le scheikh des Ahouethât, qui avait voulu nous accompagner en signe d'honneur avec quelques-uns de ses hommes, faveur dont nous nous serions bien passés, que nous tombâmes au milieu de nouveaux troupeaux et de chameaux en très-grand nombre, paissant aux alentours dans le Rhôr ; à quelques pas de là, nous passions sur la lisière d'un campement de tentes noires comme celles des Ahouethât, mais trois fois aussi nombreuses et rangées en rond, de manière à former une sorte de cercle coupé à l'intérieur par d'autres lignes de même nature. A presque toutes ces tentes et près du poteau qui les soutenait, était attachée une lance d'environ vingt-cinq pieds de longueur ; quelques-unes d'entre elles portaient au-dessous du fer ces touffes de plumes d'autruche qui leur donnent un air si farouche. Nous venions d'entrer sur les terres de la plus puissante tribu de toutes celles qui vivent sur la rive orientale de la mer Morte, les Béni-Sakhar. Cette tribu compte environ mille à douze cents chevaux, et sa puissance est redoutable. Nous voulions pousser plus loin, ignorant dans la simplicité de notre cœur qu'on ne franchit pas ainsi les frontières d'une tribu sans payer le prix du passage ; mais les propriétaires du pays nous firent bien voir que nous n'étions pas les maîtres, et nos moukres, sans même se le faire dire, dressèrent nos tentes en dehors du campement, mais à côté de celles de nos nouveaux hôtes. A peine nos dispositions furent-elles prises, et toutes choses à peu près à leur place, que nous fûmes envahis par toute la population du camp, qui vint, comme celle de la veille, examiner nos vêtements et nos armes avec la curiosité la plus minutieuse ; les femmes se pressaient aux portes des tentes, et pour peu qu'un de nous sortît, tirant derrière elles leurs enfants, elles nous suivaient en riant comme des folles ; ce n'était pas par coquetterie, je vous l'assure, car jamais Cendrillon dans ses plus vilains jours n'a eu une toilette aussi peu soignée : ce n'était pas non plus pour faire notre conquête, mais pour chercher à se rendre compte de l'utilité possible de tant d'objets nouveaux pour elles. Pour ne vous en citer qu'un exemple, elles regardaient en poussant de petits cris de surprise les boutons en corne de nos vestes de voyage, ne pouvant s'imaginer leur destination. Un quart d'heure après que nous étions établis, maudissant mille fois la chance contraire qui nous condamnait à faire une si courte journée, les deux scheikhs du campement vinrent nous voir et nous souhaiter la bienvenue. Ils portaient tous deux sous ce manteau noir rayé de blanc, commun à tous les Bédouins, une longue robe rouge en drap comme les cardinaux chez nous, retenue à la taille par une ceinture de cuir, dans laquelle étaient passés un yatagan et une paire de pistolets. Ceux-là avaient bien le ton de l'autorité, et quand ils adressaient la parole à quelques-uns de leurs hommes, on aurait cru que ces derniers allaient rentrer sous terre. Ils firent immédiatement évacuer notre tente et les abords, et, s'asseyant sur nos lits de voyage, se mirent à fumer tranquillement dans nos pipes, sans plus de façon que s'ils nous avaient connus depuis vingt années; nous leur montrâmes nos armes en grand détail. Les fusils à deux coups leur semblaient une belle invention très-extraordinaire; mais ce fut bien autre chose quand on leur présenta un de nos pistolets à huit coups. Jamais surprise ne fut égale à la leur. Nous leur disions que ces pistolets, quand on avait commencé à tirer, se rechargeaient d'eux-mêmes au moyen de balles placées en réserve dans la crosse, et comme c'est toujours le coup inférieur qui part dans ces armes-là, ils croyaient assez volontiers que le feu était éternel; enfin, les baïonnettes excitaient prodigieusement leur admiration. Après avoir causé un certain temps, ils proposèrent à Saulcy de le mener promener dans le campement, course que nous acceptâmes après avoir au préalable mis chacun une paire de ces fameux pistolets dans nos poches : les deux scheikhs béni-sakhar avaient une voix assez douce et cet air impénétrable qui est si frappant chez les Arabes ; riant peu, n'ayant l'air de s'étonner en rien de nos manières, et enchantés que Saulcy leur parlât leur langue et leur vantât leur religion ; du reste, mon ami a le talent de se faire goûter par tous ceux qui l'approchent, et indépendamment de sa manière qui est si franche et si accueillante, il sait mieux que personne dire à chacun ce qu'il lui faut dire. Hamdan avait été tout d'abord sous le charme ; quand Abou-Daouk l'avait vu pour la première fois, il avait dit que sa figure le mènerait partout où il le voudrait, et enfin le scheikh des Ahouethât lui avait offert de le suivre au bout du monde. Sans être déjà aussi enthousiastes, les scheikhs béni-sakhar commençaient à l'estimer beaucoup depuis qu'il leur avait récité un verset du Coran, et qu'il avait répété un ou deux de ces dictons populaires qu'on est si heureux de savoir en pareil cas, à cause de la connaissance qu'ils indiquent du pays et des mœurs.

Nous passions devant une tente sous laquelle se trouvaient une douzaine d'enfants en bas âge, au milieu de trois ou quatre femmes, et où l'on faisait cuire le pain de la tribu, sorte de crêpe faite avec de la farine et de l'eau, très-bonne, au demeurant, et un des scheikhs allant nous en chercher quelques-unes, nous les offrit en nous priant de les manger, chose infiniment plus facile à dire qu'à faire, par suite de la nature peu digestive de cet aliment. Du reste, on a toujours la ressource, en semblable occurrence, sans blesser l'amitié, de dissimuler l'offrande en l'introduisant dans sa poche; c'est ce qui fut fait.

En quittant cette sorte de boulangerie patriarcale, nous reprîmes le chemin du logis, après avoir examiné les deux chevaux des scheikhs, dont l'un était un étalon noir magnifique avec la tête bien carrée, ce bel œil des vrais chevaux arabes et la croupe élégante d'un cheval anglais; à côté de lui était la jument alezan clair de l'autre scheikh, ressemblant fort par la finesse à un de nos chevaux de course. Ces deux animaux, en nous voyant, se reculèrent avec frayeur; leurs crins se hérissèrent, et produisant avec les naseaux ce frémissement, pour eux signe de terreur, ils cherchaient à s'enfuir; nous étions donc bien les premiers Européens qui fussions venus chez les Beni-Sakhar du Rhôr-Safieh. Les tentes étaient à moitié remplies de Bédouins qui se couchaient sur nos lits, regardaient tout, sans toutefois rien prendre, il faut leur rendre cette justice; mais s'ils ne prenaient rien, en revanche ils nous laissaient des souvenirs de leur séjour dont nous nous serions bien passés, je vous le promets! Il n'était que midi à ce moment, et ne sachant trop comment atteindre l'heure du dîner, une chasse de coléoptères fut résolue, et partant avec Saulcy et Philippe bien armés, suivis d'un de nos Arabes appelé Ahouad, garçon infatigable et brave comme un lion, nous commençâmes à parcourir le Rhôr en tous sens; la chasse ne fut pas merveilleuse, le terrain où nous nous étions avancés s'approchant de la lisière des arbres et devenant trop salé; mais nous recueillîmes une sorte de calcaire très-dur, qui, lorsqu'on arrivait à le briser, répandait une odeur des plus nauséabondes; s'il plaît à Dieu, nous en aurons dans quelque temps les échantillons *, et nous saurons à quoi nous en tenir sur son compte. A droite, en avant du campement où nous nous étions arrêtés, nous vîmes au pied de la montagne d'autres tentes, et partout des chameaux au pâturage dans des buissons d'une riche verdure. Ne voulant pas nous aventurer seuls vers des demeures inconnues, nous revînmes, rapportant le calcaire odorant et quelques insectes en petit nombre. En atteignant notre tente, nous trouvâmes Loysel et Belly de retour d'une chasse qu'ils avaient été faire dans les environs, et qui ne leur avait pas donné toute la satisfac-

* Cette collection est arrivée intacte à Paris à l'heure qu'il est.

tion désirable. En effet, avec un des Bédouins du campement, ils avaient battu le Rhôr, lorsqu'à l'endroit le plus fourré, leur guide, poussant un petit cri, s'était enfui à toutes jambes en avant d'eux, et s'était couché à plat ventre; au même instant une vingtaine de Bédouins armés étaient sortis des buissons et s'étaient avancés vers eux. Le bon Loysel, poussé par son instinct franc et sociable, voulait aller leur parler; mais Papigny, qui avait servi en Afrique et connaissait mieux que son maître les caractères arabes en général, l'avait supplié de n'en rien faire, et ils avaient tous les trois battu en retraite en bon ordre, tenant les Bédouins en respect par leur attitude froide et calme. C'était une première leçon de prudence dont il était bon de profiter. Ces diverses promenades nous avaient amenés à l'heure du dîner; mais avant de nous mettre à table, nous vîmes rentrer environ trois cents chameaux qui revenaient du pâturage et qui s'avançaient majestueusement par troupes de quinze ou vingt, obéissant à l'appel monotone de leurs maîtres : il y en avait de blancs, de gris, de jaunâtres; des vieux, des jeunes, quelques-uns à peine en état de se tenir, ayant l'air de ces jouets d'enfants auxquels il est difficile de faire prendre une position verticale; jamais nous n'avions vu tant de chameaux réunis, et ce n'était pas le quart de ce que possèdent les

Beni-Sakhar; d'après cela, jugez de leur richesse !

Les Bédouins commençaient de leur côté à se retirer dans leurs tentes aux approches de la nuit, n'étant pas de ces gens-là qui prolongent bien avant la journée. Quant à nous autres Européens, avant que de les imiter, nous avions l'habitude de nous asseoir ou de nous promener autour de la tente en fumant une pipe et en faisant un peu de ce kief auquel le climat et le bon tabac du Djebeli engagent si puissamment : nous commencions à peine à jouir des résultats de cet état bienheureux et à causer entre nous de la singulière existence dont nous étions appelés à jouir depuis notre départ de Jérusalem, lorsque nous crûmes entendre dans le lointain la voix d'un homme criant régulièrement de certaines paroles qui ressemblaient à une proclamation ou à un appel. Nous ne savions que penser de ces sons lointains, et ils commençaient à nous inquiéter, d'autant plus que la nuit était venue, et qu'une trahison nous eût été fatale. Le bruit de cette voix se rapprochant lentement, apporté par la brise, attira peu à peu l'attention de nos Arabes; mais après avoir écouté un instant, ils reprirent leurs conversations autour des feux, d'où nous tirâmes la conclusion qu'il n'y avait rien là de sérieux pour nous; enfin, la voix devint plus distincte, et l'homme qui prononçait ces

mystérieuses paroles passa assez près du campement
pour que nous pussions distinguer le mot d'Abou-
Daouk, ce qui ne fit que nous intriguer davantage.
Notre incertitude ne fut pas longue. Voici ce que
c'était :

Je vous ai promis de vous dire pourquoi Abou-
Daouk avait du mérite à se charger de nous pour
aller sur la rive orientale de la mer Morte. C'est
qu'il y a sept ou huit ans, un homme de sa tribu
avait volé aux Beni-Sakhar douze chameaux, et qu'à
la suite de ce larcin la guerre avait été déclarée entre
lui et ces derniers, guerre qui avait entraîné des
morts de part et d'autre, et, par suite, des dettes de
sang, aussi sacrées chez les Arabes que la vendetta
chez les Corses. Or, cette guerre n'était pas terminée
lors de notre arrivée, et Abou-Daouk, résolu à y
mettre fin, n'avait pas craint de venir chez ses ennemis avec huit hommes seulement, pour faire la
paix, au risque d'éprouver un refus, et après avoir
vu s'écouler le délai accordé à l'hospitalité, de recevoir une balle pour lui et autant pour chacun de
ses hommes. Il y avait dès lors du mérite, n'est-ce
pas, à s'exposer ainsi de gaieté de cœur à une pareille chance; heureusement, sa négociation avait
réussi, les Beni-Sakhar avaient consenti à faire la
paix, et ce que nous entendions était la voix d'un

Bédouin monté sur un chameau, qui parcourait tous les campements de la tribu en disant :

« Paix entre nous, paix entre nous, au nom de Dieu, Abou-Daouk a promis qu'il me rendrait mes chameaux, que la paix soit sur lui! que la paix soit sur lui! » Se faisant ainsi l'organe de la tribu en parlant à la première personne. On n'entendait autour du campement que les miaulements des chacals qui tous les soirs nous favorisaient de leurs chants, et ce son de voix lent qui de loin ressemblait, à s'y tromper, aux commandements de cavalerie entendus à distance : l'effet était très-saisissant.

C'était aussi un événement heureux pour la tribu, et il fallait que tous les membres de cette grande communauté en fussent instruits par les moyens connus d'elle. Heureux peuple qui pour apprendre une bonne nouvelle n'a pas besoin de télégraphes ou d'ambassadeurs, mais simplement d'un homme qui crie dans le silence du désert et des échos qui répètent sa voix !

Enchantés d'avoir assisté à une pacification d'aussi nouvelle espèce, nous nous couchâmes heureux malgré tout d'avoir encore fait un pas de plus dans ce pays inconnu, et décidés à tenter l'aventure pour aller plus loin. Le soleil nous trouva debout attendant notre soupe quotidienne, car nous étions soumis à un régime militaire, et tous les matins *nous mangions la soupe,* suivant l'expression consacrée, nous buvions un petit verre d'eau-de-vie, et nous partions. Hamdan, en venant nous souhaiter le bonjour, avait l'air plus soucieux que la veille, et nous lui demandâmes ce qu'il fallait donner aux Beni-Sakhar pour être à même de continuer notre voyage ; il se retira alors, et allant chercher les scheikhs, on s'assit à terre, la discussion s'organisa comme chez les Ahouethât. Les scheikhs, après la première heure de pourparlers, firent répondre qu'ils consentaient à nous laisser passer pour mille piastres, quatre habayas, autant de machlahs* et des bottes pour eux ; nous étions en train de calculer si nous pouvions faire ce sacrifice, lorsqu'on nous fit dire que la proposition était retirée et que ce n'était pas assez ; nouveau conseil, augmentation, diminution, augmentation nouvelle, et enfin réponse définitive : leur dernier prix serait deux mille cinq cents piastres, et ils s'engageaient à nous mener sur tout leur territoire et à Karak, qui est la ville des Bédouins par excellence. Vous comprenez, Madame, que si nous avions calculé pour mille piastres, nous avions encore plus à

---

* Sortes de vêtements.

calculer pour deux mille cinq cents, d'autant mieux que Hamdan s'était chargé à Jérusalem de nous faire voyager partout sans aucune dépense extraordinaire, et qu'en conséquence nous n'avions que peu d'argent avec nous. Un de nos drogmans, François, homme très-entêté, disait qu'il ne fallait pas accepter un pareil marché, qu'en refusant il se faisait fort de nous faire diminuer le prix, et que les Bédouins reviendraient immédiatement nous faire des offres plus raisonnables. Ils revinrent en effet ! mais au lieu de deux mille cinq cents piastres, ils n'en demandèrent plus que trois mille, et je vous prie de croire que nous nous hâtâmes d'accepter, persuadés que pour peu que nous nous fissions prier davantage, la rançon monterait au double ; il fut donc convenu que, pour ce prix, nous pourrions parcourir avec une escorte de la tribu tout son territoire, et monter à Karak sans plus nous occuper de rien. Mais Saulcy, voyant que ce prix de trois mille piastres n'avait pas l'air de satisfaire encore les Beni-Sakhar, et qu'ils faisaient mine de rompre le marché, s'avança bravement au milieu d'eux, et s'adressant au scheikh, lui dit : « Tu as donc plus d'une parole à ton service? tu as dit que tu me mènerais partout pour deux mille cinq cents piastres, et voilà que tu en demandes trois mille. Quelle garantie aurai-je que tu ne vas pas en exiger davantage tout à l'heure? Nous autres Français nous n'avons qu'une parole ; aussi nous allons jurer ensemble devant Dieu que tu as fait prix avec moi pour trois mille piastres. » Et il entama la formule du serment arabe. Les scheikhs, pris au dépourvu devant tous leurs Arabes et les nôtres, jurèrent, et voilà comment une demi-heure après nous étions partis.

Nous avions avec nous dix Beni-Sakhar à cheval, tous armés de lances, à leur tête les deux scheikhs du campement; avec les vingt Taâmera de Hamdan et les Djahâlin d'Abou-Daouk, le personnel de la troupe s'élevait à près de cinquante hommes, mais c'était peu encore pour le pays qu'il fallait passer. En sortant du campement, nous continuâmes quelque temps encore dans les bois qui composent le Rhôr-Safieh, puis nous atteignîmes la lisière, et derrière s'étend la plaine de sable qui mène aux eaux de la mer, dont nous n'étions plus qu'à deux kilomètres. Cette plaine de sable recouverte de sel, était tantôt solide, tantôt très-peu sûre ; mais les Arabes, quand ils sont dans un espace plan quelconque, ne peuvent pas résister au plaisir de faire de la fantasia, au risque de disparaître mille fois dans le sable : ils courent à bride abattue, les uns sur les autres, en se menaçant de la lance et en arrêtant leurs chevaux par le seul mouvement du bras, qui fait le simulacre de frapper : l'animal tourne sur-le-champ sur les pieds de derrière et repart au galop ventre à terre. Nous nous amusions assez de voir tous ces hommes si bons cavaliers et ces semblants de guerre, mais nous n'étions pas sans crainte pour eux à cause de la nature du terrain : tout d'un coup Mohammed, qui pendant quelque temps avait résisté au désir de se joindre à la bande joyeuse, partit lui-même, et à peine avait-il fait cinquante pas, qu'il disparut dans le sable au milieu d'un tourbillon de poussière. Je ne puis vous dire quelle affreuse sensation cette disparition nous fit éprouver : nous le croyions perdu ; lorsque la poussière fut évanouie, nous le vîmes sur le bord de l'abîme qui s'était ouvert sous lui, retenant son pauvre cheval qui enfonçait à chaque instant davantage et dont le cou seul restait en dehors, littéralement suspendu par la bride. Vous dire maintenant avec quel admirable dévouement tous les Arabes à cheval furent à pied, et tous ceux à pied près du gouffre, est impossible : de toutes parts, avec ce fatalisme qui n'existe que chez les musulmans, ils accouraient secourir le pauvre animal, et entonnant un chant sauvage, le saisissant par les oreilles, les naseaux et la crinière, ils le sauvèrent de la mort ; mais pour nous, spectateurs de leurs efforts et du danger, nous étions dans des angoisses inexprimables, car à chaque seconde nous croyions voir s'effondrer le terrain et disparaître Mohammed, les Arabes et le cheval. Le pauvre animal, en se retrouvant libre, poussa un hennissement de joie ; il était couvert d'écume, mais heureusement sans blessures. Nous étions à peine remis de notre émotion, lorsqu'une panthère énorme partit à cent pas de nous, se dirigeant vers la mer. Un des Bédouins la suivit de toute la vitesse de son cheval ; mais la panthère eut bientôt gagné du terrain sur lui, tantôt rasant la terre comme un serpent, tantôt distançant son ennemi par des bonds prodigieux : elle était occupée à dévorer le corps d'un chameau que nous vîmes ensuite, et d'où s'envolèrent huit vautours superbes. Notre Bédouin revint un quart d'heure après, la lance sur l'épaule et son cheval ruisselant de sueur : la panthère avait continué sa route vers la montagne de sel, sans s'inquiéter davantage de nous.

Nous longeâmes après cette plaine les eaux de la mer que nous atteignîmes à onze heures environ, à l'endroit opposé au Djebel-Sdoum. Là nous rentrâmes de nouveau dans les arbres et la végétation, et traversant une sorte de mâquis composé d'herbes gigantesques et foulées en plusieurs endroits par des bêtes sauvages, nous atteignîmes un campement de Beni-Sakhar où nous devions passer la nuit ; nous avions vu pendant toute la journée à notre droite ces rochers bitumneux et noirs de la veille, et nous avions reconnu deux volcans évidents, moins considérables cependant que ceux de la rive ouest et plus enfermés dans la montagne.

Ce nouveau camp couvrait un espace moins fertile, c'est-à-dire les bouquets d'arbres étaient un peu plus éloignés, mais les fleurs étaient les mêmes, les oiseaux aussi nombreux et l'aspect aussi riche ; nous étions là, du reste, chez les mêmes Arabes que le matin ; nos tentes furent placées à environ quarante pas de celles des Bédouins, nos scheikhs étaient bien connus et partout respectés ; on nous laissa donc parfaitement tranquilles pendant toute la soirée ; et pour ne pas vous ennuyer de détails insignifiants, le lendemain matin nous étions tout prêts à nous mettre en marche sans encombre ; seulement, avant de partir, le scheikh de l'endroit pria Saulcy de venir prendre le café chez lui : mon ami y alla avec Abou-Daouk et Hamdan, et là on lui servit une boisson consistant en une décoction de clous de girofle dans laquelle la seule chose qui manquât était le café ; après une demi-heure de conversation, Saulcy revint, mais il avait rapporté avec lui des souvenirs qu'il garda pendant plusieurs jours, de cette visite si courte sous une tente bédouine. On reprit la même route que la veille, droit au nord, après avoir seulement donné au scheikh un petit présent en argent et une paire de bottes. Celui-là avait une très-douce figure et l'air très-avenant. Aussi, cédant à l'influence d'un de ces goûts subits qu'inspirait Saulcy aux Arabes, il voulut nous accompagner lui-même, et prenant son cheval et sa lance, il se joignit à notre troupe.

Le pays, après avoir été pendant un certain temps moins varié que la veille, reprit bientôt la même physionomie, et nous nous arrêtâmes pour déjeuner au bord d'un petit ruisseau, à l'ombre d'un mimosa immense sous lequel nous avions une fraîcheur ravissante, bien précieuse par le soleil brûlant qui nous dévorait pendant la route; les insectes rares y fourmillaient, et l'on fit une herborisation d'une grande abondance, surtout pour ces petites fleurs si délicates et si fraîches qu'on ne trouve que dans les gazons. Nos Arabes, profitant de l'occasion, se défirent de leurs vêtements, c'est-à-dire de leur chemise qu'ils nettoyèrent dans le ruisseau, en s'y baignant eux-mêmes, nous laissant voir pendant le bain les formes les plus nerveuses et les plus distinguées; car c'est une race magnifique comme conformation que les Bédouins, en faisant en général abstraction du visage, sauf les exceptions de beauté qui peuvent s'y rencontrer. Quand leur bain fut terminé, ils remirent leur chemise, et nous repartîmes, nous dirigeant au nord-ouest; nous traversions la presqu'île à ce moment, et la ligne d'arbres se terminait à environ un kilomètre à gauche pour céder la place à cette nature de terrain blanche et crayeuse que nous avions déjà vue sur l'autre rive vis-à-vis de Sebbeh ; à notre droite s'élevaient toujours les mêmes rochers dont la physionomie ne changeait pas depuis trois jours, uniformément noirs et désolés. Vers une heure, nous passâmes une ruine de vingt-huit mètres carrés, construite en pierres réunies entre elles comme celles de la piscine de Salomon à Jérusalem, par des petites pierres intercalées entre les plus grosses; puis, à une heure de là, des ruines immenses reconnaissables seulement aux fragments épars sur le sol. Les Arabes les appellent Kharbet-En-nemaïreh (6). Les bagages étaient en avant, et nous marchions juste sur la petite anse formée par la presqu'île à l'endroit où elle se retire pour devenir *la langue*, *El-Liçân*. A deux heures de l'après-midi nous mîmes pied à terre près de l'unique village qui existe sur les bords de la mer Morte, celui de El-Mezrâa, le seul qui ne soit pas habité par des Bédouins errants. En effet, quelques huttes moitié en boue, moitié recouvertes de feuillages, prouvaient que les habitants du lieu y vivaient à demeure fixe. Autour de ces huttes, des tentes nombreuses étaient destinées, je pense, au surplus de la population, peut-être à la partie nomade de la tribu. Enfin, le village tout entier était entouré par des trous de loup qui servent à le défendre contre des attaques d'hommes à cheval. Nous nous croyions toujours chez les Béni-Sakhar, mais c'était une erreur qui ne nous fut connue que beaucoup plus tard, et lorsque nous étions bien loin de la mer Morte et de ses aimables habitants. Les possesseurs du village de El-Mezrâa étaient presque tous nègres, et auprès d'eux les Ahouethât du Rhôr-Safieh étaient le type du beau idéal. Les Ahouethât avaient du moins l'air hypocrite et peu insolent; on aurait pu s'entendre avec eux, mais ces Bédouins-ci avaient des figures impudentes et horribles. A peine établies, nos tentes furent envahies à l'instant même; ils se couchaient sur les lits et ne laissaient rien sans y porter les mains; l'agitation était dans le camp et les choses prenaient une mauvaise tournure; de plus, il faisait une chaleur étouffante, et vous savez, Madame, que lorsqu'il fait très-chaud on est disposé d'avance à la mauvaise humeur.

Après avoir mis les plantes de la matinée en herbier, Saulcy me pria d'aller chasser un peu aux insectes aux environs, parce que l'endroit semblait très-favorable; je le laissai seul, Belly et Loysel tirant force coups de fusil depuis notre arrivée dans le Rhôr aux environs, et j'allai avec Rothschild chercher mes coléoptères. Nous avions pris avec nous un de nos Arabes qui nous aidait avec beaucoup de bonne volonté, mais nous ne restâmes pas longtemps, car nous étions suivis par une vingtaine de Bédouins qui riaient grossièrement en nous voyant faire ; un instant, poussé à bout, je me retournai brusquement vers eux la main sur un pistolet, mais je ne rencontrai sur leur visage que la hardiesse de gens qui se sentent les plus forts. Alors, après avoir encore chassé quelques minutes, nous reprîmes le chemin de la tente, et pour mon compte j'étais assez tourmenté. En y entrant nous trouvâmes Saulcy occupé à passer à l'encre le figuré du terrain depuis le campement du matin : il leva paisiblement la tête et dit à Rothschild :

« Monsieur, vos armes sont-elles toutes prêtes ?
— Pourquoi me demandez-vous cela ainsi ? dit Rothschild.
— Parce que très-probablement nous aurons à nous battre ce soir. »

Puis il se remit sans ajouter un mot à travailler comme si de rien n'était. Rothschild se retira alors dans sa tente pour faire ses préparatifs, et l'on attendit les événements. A chaque instant des querelles très-violentes s'élevaient entre nos moukres et les Bédouins du village, qui sans cesse rôdaient autour des piquets auxquels étaient attachés nos chevaux ; une rixe commença même au sujet d'une fonte qui avait été volée et qu'on ne put pas retrouver. Nos scheikhs avaient beau se mettre en colère et crier, leur voix n'était point écoutée et les mêmes disputes recommençaient sans cesse ; enfin nous atteignîmes ainsi l'heure du dîner, fort inquiets de la nuit et persuadés que cette mauvaise volonté finirait par une bataille. Pendant le repas, nous fûmes assez tranquilles ; les Bédouins avaient regagné un peu leurs huttes et il n'en restait plus que quelques-uns qui cherchaient à s'emparer de tout ce qui était laissé par hasard à terre sans être surveillé ; ainsi ils jetèrent leur dévolu sur un tas de bois mort que les moukres avaient rassemblé pour se chauffer pendant la nuit, ce qui causa une nouvelle querelle ; néanmoins le dîner se termina paisiblement : les encriers et les plumes reparurent, et le journal quotidien reprit sa rédaction accoutumée. A huit heures moins un quart, et je vous promets que je n'oublierai de ma vie cette heure-là, d'autant mieux que j'ai cru que ce serait notre dernière à tous, un bruit de voix terrible s'éleva dans le camp, et nous arrêta au milieu de nos travaux ; sans savoir ce que c'était, nous prêtions l'oreille lorsque notre brave Ahouad, l'œil en feu, le yatagan à la main, se précipita dans notre tente et nous cria d'une voix vibrante :

Ya Khaouadja, Khod el baroudi !

Cavalier, prends ton fusil !

Saulcy nous transmit de suite cette traduction que nous avions déjà comprise à demi-mot à la physionomie de Ahouad. Sauter sur les fusils, y glisser deux balles, vérifier si les pistolets étaient bien chargés et mettre sur nous ce que nous avions de plus précieux, fut l'affaire d'une seconde. Saulcy avait conservé l'air souriant qu'on a quand on va faire une visite à sa maîtresse, et nos amis Belly et Loysel avaient froidement préparé leurs armes, ainsi que nos excellents domestiques Philippe et Louis. Saulcy, s'approchant alors de moi, me dit d'une voix très-émue : « Je suis bien heureux que mon fils soit en sûreté, et je n'ai qu'un profond regret, mon cher enfant, c'est de t'avoir amené ici. » Il me donna une bien affectueuse poignée de main et ajouta tout haut : « Maintenant, mes petits amis, il faut nous préparer à nous battre en honnêtes gens ; surtout ne tirons pas les premiers et restons tous ensemble. » Puis nous sortîmes en toute hâte de la tente pour nous mettre en bataille derrière et attendre les ennemis. Pendant ce très-court espace de temps, les cris du camp avaient augmenté encore, une poussière épaisse s'élevait au-dessus des huttes éclairées par nos feux : tous les Béni-Sakhar étaient déjà à cheval, la lance au poing, nos Arabes rangés en partie devant nos tentes pendant que les autres étaient avec les scheikhs au milieu de la mêlée; nous ne savions rien de ce qui se passait, nous croyions seulement que nous allions en venir aux mains, et notre seule pensée était de nous défendre jusqu'à ce que nous n'eussions plus de munitions et de tâcher ensuite, à la faveur de la nuit, de nous enfuir en abandonnant tous nos bagages, jusqu'au campement que nous avions quitté le matin et où nous aurions été en sûreté; ce projet était du reste presque impraticable, à cause du pays fourré où nous étions et où nous eussions été tués jusqu'au dernier; nos muletiers, que nous croyions des lâches, avaient trouvé, je ne sais où, d'immenses branches d'arbres noueuses qu'ils agitaient avec une ardeur toute guerrière, et un nègre, domestique du drogman François, qui s'était approché de l'un d'eux pour lui dire de ne pas faire de démonstrations hostiles, reçut le plus affreux soufflet qui l'envoya rouler à vingt pas de là. Il se passa alors un quart d'heure assez critique, pendant lequel la poussière du camp, la lueur rougeâtre des feux, le bruit des voix les plus rauques et les plus sauvages, tant des femmes que des hommes, le hennissement des chevaux et les aboiements des chiens furent les seules choses qu'il nous fut donné de voir ou d'entendre. Vous ne vous imaginez pas ce qu'on peut faire de réflexions excentriques pendant les quinze minutes qui précèdent une lutte dont l'issue ne saurait être douteuse. Si l'on ne parlait pas, on n'en pensait que plus; tous nos amis arabes étaient au milieu des Bédouins, et nous étions demeurés seuls, attendant le moment de prendre part à l'action. Enfin, Hamdan, le sabre à la main, accourut à nous en nous disant que tout était fini, que c'étaient les Beni-Okba qui étaient venus de la montagne pour nous servir d'escorte, et qu'on leur avait refusé leur demande, ce qui avait causé tout le tumulte : mais d'abord les Beni-Okba étaient trop loin dans la montagne pour jamais avoir songé à pareille chose, ensuite le village n'était pas aux Beni-Sakhar, mais bien appartenant aux Rhaouarna, tribu fixée là. Nous sûmes la vérité plus tard, je vais vous la dire de suite, bien que vous l'ayez déjà devinée; c'était tout simplement le campement qui venait pour nous attaquer et nous dévaliser, et qui dès le matin méditait cette affaire; par bonheur, notre escorte veillait sur nous, et dès le principe nos scheikhs, le vieil Abou-Daouk en tête, avaient déclaré qu'on ne passerait pour venir à nous que sur leur corps et sur celui de leurs hommes : les querelles avaient commencé, les yatagans chez les Bédouins sont vite hors du fourreau, et nos alliés avaient de suite mis cinq ou six des Rhaouarna hors de combat, ce qui avait éteint l'affaire. En effet, le bruit de voix s'arrêta instantanément; les chevaux cessèrent de hennir, les chiens d'aboyer, et peu à peu nos amis revinrent près de notre tente, le poignard à la main, gesticulant avec une vivacité nerveuse et tout inusitée. Un d'eux, il me semble le voir encore, le plus beau garçon de la terre, qui habituellement avait le regard doux et paisible, s'approcha de Saulcy, les yeux complétement injectés de sang, le visage tout blême et lui dit : « Regarde, Effendum ! »

Puis saisissant son poignard à sa ceinture, il le sortit du fourreau, fit le geste d'en donner un coup de bas en haut avec la rapidité de la foudre, et avant que nous eussions pu voir la lame, le remit dans sa ceinture : les scheikhs beni-sakhar vinrent ensuite nous dire que tout était terminé et que nous pouvions être sûrs qu'on ne recommencerait pas, qu'ils y avaient mis bon ordre. Abou-Daouk arriva après tous les autres : il avait voulu conserver la dernière chance possible de faire agir son sabre, et n'avait quitté le champ de bataille que lorsqu'il n'y avait plus eu d'ennemis. Voyant que l'agitation avait cessé, nous rentrâmes dans la tente, et sans quitter nos armes, nous reprîmes notre travail ; je vous avoue, à ma honte, que ma main tremblait un peu ; Saulcy m'a dit depuis qu'il avait tremblé aussi, et dès lors je suis justifié. Pour célébrer l'heureuse fin de cette affaire, qui eût été notre mort à tous en cas de combat, on donna du café à tous nos scheikhs, qui, cinq minutes après, étaient aussi impassibles que si rien ne s'était passé. Ce sont des hommes bien braves, et il semble qu'ils ne vivent que lorsque les cris de guerre retentissent dans le camp ; c'est alors qu'il faut les voir courir à leurs armes, essuyer la lame de leur yatagan et de leur poignard, s'exciter par des cris et des chants de triomphe, et relever leurs manteaux pour être plus libres. Vous pourrez appeler cet épisode, Madame, une alerte chez les Rhaouarna !

Quand tout fut complétement calmé, nos Arabes s'assirent autour de leurs feux, mais en regardant avec un soin tout particulier vers chaque arbre de l'endroit. Pour nous, nous nous tirâmes au sort les différentes heures de la nuit ; celui qui était de faction le premier sortit de la tente, et la veille commença ; les autres s'étendirent sur les lits, avec les fusils à côté d'eux et les pistolets à la ceinture, et bien qu'en se réveillant mille fois au moindre bruit, on atteignit le jour. Nous croyions que les Beni-Okba, dont nous avait parlé Hamdan, allaient venir en grand nombre prendre leur revanche ; mais nous partîmes à six heures du matin sans rien rencontrer, en prenant une direction Est vers la montagne, afin d'entrer dans l'intérieur des terres, les rochers étant depuis El-Mezrâa à pic sur la mer. Au sortir du camp, les Beni-Sakhar, qui ordinairement menaient leurs chevaux par le licol, les bridèrent sans descendre, en leur prenant tout simplement la tête depuis leur selle. Aussi Mohammed nous dit-il de nous tenir sur nos gardes, car les Bédouins ne brident leurs chevaux que lorsqu'ils se croient près de se battre. Nous entrâmes peu après dans un fourré de roseaux, traversé par un ruisseau admirable de pureté, et près duquel une fontaine en pierre qu'il alimentait était cachée sous des joncs immenses et des bouquets de verdure ; puis la route suivit le flanc de la montagne pour la gravir en traçant des zig-zags sans nombre ; à peine au-dessus de la plaine, nous étions dans des gorges d'une sévérité terrible, longeant les parois de ces rochers noirs que nous cotoyions depuis notre arrivée sur la rive orientale ; environ à moitié de la hauteur, les traces d'une voie romaine étaient très-visibles, faisant mille contours qui adoucissaient la pente ; puis à mesure que nous approchions du haut de la gorge, il y avait des ruines tantôt carrées, tantôt circulaires, qui ont dû servir à des postes ou stations : à la manière dont ces stations sont disposées, se commandant mutuellement les unes les autres, et d'après leur nombre, l'Ouad-Beni-Hammid, car c'est le nom de la gorge, devait du temps des Romains être imprenable. Le sentier qui jadis était la voie domine presque toujours le précipice, et les rochers sont uniformément brun foncé ou d'un gris presque noir. De temps en temps nous reconnaissions aussi des déjections volcaniques. Les eaux de la mer Morte avaient disparu et nous étions dans la montagne, continuant à l'Est afin de gagner le pays des Moabites et de pouvoir reprendre au Nord. Après avoir franchi le dernier escarpement, une vallée assez verdoyante s'ouvrit devant nous, et nous nous y arrêtâmes une heure pour faire souffler les chevaux et déjeuner pendant que les mules de bagage nous rejoignaient. Le temps était aussi chaud que les jours passés, mais un vent assez violent commençait à s'élever du Sud-Est et nous gênait. On se remit en route suivant le fond de cette vallée qui va droit à l'Est, et à moitié de la longueur, qui est de cinq kilomètres environ, nous rencontrâmes des chameaux chargés de bagages et de voyageurs : c'était un campement bédouin qui changeait de séjour.

« Selam aleikoum, » nous dirent-ils en nous

croisant (la paix soit sur vous), et dans ces cas-là on répond : « Aleikoum-es-selam » (sur vous soit la paix), puis on passe outre. A midi, nous tournâmes à gauche, au Nord, au fond de cette vallée, et nos deux amis Hamdan et Abou-Daouk poursuivirent dans cette direction, pendant que nous, prenant de nouveau à l'Est, nous restions tout seuls sans trop savoir où nous allions. C'était un peu l'habitude de nos scheikhs, quand ils nous voyaient dans le bon chemin, de nous quitter pendant un certain nombre d'heures, pour nous rejoindre à la nuit et veiller sur nous : seulement il arriva ce jour-là qu'après avoir fait boire nos chevaux à des citernes qui se trouvent au pied de la dernière crête, nous cheminâmes toujours à l'Est jusqu'à un endroit où le chemin se bifurque à droite et à gauche. Là, nous ne savions plus par où prendre ; les deux ou trois Arabes qui nous suivaient n'étaient jamais venus dans le pays, et nous n'avions plus que les deux scheikhs beni-sakhar, que nous ne connaissions pas encore bien : ils nous indiquèrent le chemin de droite, ce qui nous menait au Sud, et nous ne comprenions pas le moins du monde comment pour aller au Nord, on nous menait au Midi. Bref, dans un endroit couvert de gazon, on nous fit planter nos tentes ; une hauteur de cent mètres environ nous séparait seulement du sommet des montagnes de Moab, et depuis le matin, nous avions toujours monté pour regagner tout simplement le niveau de la Méditerranée ; depuis une éminence à laquelle étaient adossées nos tentes, on voyait toute l'extrémité sud de la mer Morte, la presqu'île qui se détachait en blanc sur le bleu des eaux, le Rhôr et el-Mezrâa ; plus bas l'étendue de sable où Mohammed avait disparu, le Rhôr-Safieh, la plaine fangeuse, et de l'autre côté la montagne de sel, les volcans des environs de Sodome, et le rocher isolé de Sebbeh. Par suite de l'élévation du lieu la température s'était singulièrement abaissée : de plus, le vent, devenu d'une violence extrême, nous coupait la figure pour peu que nous sortissions des tentes : du reste, à l'intérieur même, nous en étions peu garantis, et aux chaleurs des jours précédents avait succédé un froid très-vif. Peu à peu des Bédouins accouraient des environs pour nous voir ; nous ne savions pas d'où ils sortaient, lorsque Loysel découvrit derrière la colline contre laquelle nous grelottions, un campement assez considérable. Nous crûmes alors à une trahison de la part d'Hamdan et d'Abou-Daouk, et nous nous préparions à veiller nous-mêmes, bien que tout fatigués encore de la nuit précédente et du travail de la journée, lorsque nous vîmes venir, à sept heures et demie, une jument grise : c'était notre scheikh. Il avait été voir de ses amis dans les environs, et manger un mouton avec eux. Il y avait laissé Abou-Daouk, qui aimait encore mieux que lui peut-être les débauches de cette nature. Hamdan nous apprit que nous foulions le territoire des Beni-Hammid, ses plus fidèles alliés, et que nous étions aussi en sûreté que dans ses possessions. Il leur avait rendu jadis des services : aussi quand ceux qui étaient près de nos tentes le virent arriver, ce furent des baisers et des coups de front sans fin.

La soirée fut très-belle, mais nous étions gelés, et nos manteaux suffisaient à peine à nous garantir. Aussi ce fut une véritable jouissance de se lever dès le premier rayon du soleil, afin d'en profiter au plus vite et de nous mettre en route. Les Beni-Hammid, pour faire honneur à Hamdan, voulurent l'accompagner, et au nombre de vingt environ se joignirent à nous; ils avaient tous l'air assez honnête, ou, pour mieux dire, moins scélérat que les autres. Comme vous l'avez vu, nous campions au pied de la dernière crête à gravir pour entrer dans le pays des Moabites ; nous ne tardâmes pas à y atteindre, et quelle ne fut pas notre surprise en débouchant sur la plus immense plaine bordée par un horizon brumeux à l'Est, et dans les directions Sud et Nord fermée par des collines éloignées de quatre ou cinq lieues ! Immédiatement aussi nous nous trouvâmes en face d'une ruine carrée, tout entière construite en blocs de lave; la structure de cette ruine était celle de Tyrinthe et de Mycène, c'est-à-dire des morceaux énormes placés les uns à côté des autres sans symétrie et sans autre ordre que leur forme respective qui en avait décidé la position : une double enceinte, également en lave, l'entourait pour la fortifier; enfin la porte, primitive comme le reste, se composait de deux blocs de lave placés verticalement et surmontés d'un troisième en sens horizontal. Quant à l'intérieur, il était comblé par des constructions de mur en arceaux d'une époque évidemment postérieure, probablement du temps des Romains. A vingt pas de cette ruine se trouvent deux citernes sans eau, creusées dans le roc vif en voûte carrée : enfin, tout autour et à perte de vue du côté du Nord, des enceintes de lave qui se coupent en tout sens indiquent suffisamment la présence d'une ville importante. Les Bédouins appellent l'enceinte carrée et les ruines qui l'entourent immédiatement Sarefa; après en avoir levé le plan et dessiné plusieurs parties, nous nous dirigeâmes au Nord en traversant la plaine qui, presque partout, présente une terre fertile, et souvent couverte de gazon. En approchant des enceintes de lave, nous vîmes qu'elles étaient séparées en plusieurs endroits par des espaces de terrain bordés des mêmes matériaux, mais marquant des lignes droites dans tous les sens. Les deux bordures de pierres, si je puis m'exprimer ainsi, étaient écartées d'environ quinze mètres, et formaient des allées droites immenses, traversant toutes les ruines. Il était facile de reconnaître dans ces allées les routes royales dont parle sans cesse la Bible; de plus, la grande étendue des enceintes en lave qui couvraient environ douze kilomètres carrés, nous expliqua comment on pouvait, dans ces temps reculés, être roi d'une ville seulement; une ville, c'était un pays. Nous marchâmes dans une de ces allées pendant deux heures, toujours au Nord. Le vent avait redoublé pendant la nuit, et nous faisait beaucoup souffrir, n'étant plus à l'abri, et exposés complétement à sa violence. Nous nous cachâmes pour déjeuner dans un petit ravin qui se trouvait à gauche de notre itinéraire, puis nous rentrâmes au milieu des ruines. A deux heures, nous passions près d'un petit tertre en forme de *tumulus*, auquel les Arabes donnent le nom de *Tertre de l'esclave* (7), lorsqu'en le tournant, un morceau de lave sculpté nous arrêta tout d'abord; en nous approchant, nous vîmes un bas-relief de toute beauté. C'est le portrait d'un roi moabite qui lève sa lance comme pour frapper; il est nu et n'a qu'un vêtement très-court autour de la taille; derrière lui est son arc, et à côté un lion debout; la figure est moitié plus grosse que nature, sculptée avec un

11.

grand soin, et le mouvement des deux bras qui se lèvent est plein de noblesse ; par malheur, ce bas-relief est brisé au-dessous des genoux : la physionomie et le style de cette sculpture, son aspect étrange, jusqu'à la matière qui le compose, en fixent l'origine à une époque extrêmement reculée ; certes, cette pierre n'a pas été apportée là, car la masse en est énorme ; elle ne peut pas être du temps des Romains ; pourquoi ne serait-elle pas, comme je le disais, la représentation d'un roi moabite ? Son geste et le lion qui est derrière lui indiquent bien sa puissance, et le tertre qu'il dominait s'appelle *Tertre de l'esclave* ; je laisse à Saulcy le soin de traiter au long cette question curieuse, et je vous dirai que nous nous décidâmes à camper à l'endroit même, afin de jouir à notre aise de cette précieuse découverte ; mais avant de nous arrêter devant le bas-relief moabite plus longtemps, il y avait une excursion de deux heures à faire pour visiter une ruine appelée Schihan (8), probablement construite par le roi de Bassan lorsqu'il s'empara du pays. Laissant donc les bagages au camp, nous continuâmes notre route au Nord avec un des scheikhs beni-sakhar seulement et deux Beni-Hammid. Les ruines avaient cessé, et nous ne passions plus que sur une terre fertile et grasse ; du reste, c'est à peine si des pentes insensibles donnaient au pays une variété quelconque ; une seule petite éminence se montrait au loin, c'était la ruine que nous allions visiter.

Schihan est une construction cyclopéenne comme les autres dans les environs ; du côté Sud une avenue de pierres d'environ cent mètres de longueur et aboutissant à un endroit semi-circulaire servait, je pense, d'accès dans le palais. L'intérieur est rempli de pierres très-grossièrement taillées, et de quelques chapiteaux ornés d'oves immenses près de toutes petites volutes ; enfin vers l'entrée, deux citernes très-grandes à moitié comblées par les décombres, mais très-visibles, subsistent encore. Nous étions en train d'en lever le plan, Saulcy et moi, pendant que Loysel et Belly dessinaient des fragments d'architecture, cachés tous par le mur que nous tournions, lorsqu'en franchissant le dernier angle contre lequel attendaient nos chevaux, gardés par notre scheikh et ses deux hommes, nous vîmes à quarante pas accourir six Bédouins armés des pieds à la tête. Or, comme je vous l'ai dit, Madame, la plaine était parfaitement plate, et aucun ravin, quelque petit qu'il fût, ne pouvait dissimuler l'arrivée d'un seul homme, *à fortiori* de six ; il m'est encore impossible aujourd'hui que j'y pense, en rappelant tous mes souvenirs, de me figurer un trou d'où ils pouvaient sortir ; mais enfin le fait était là, et ils venaient droit sur nos trois gardiens. Pendant ce temps, nous tenant derrière le mur, nous préparâmes nos fusils et arrivâmes pour être témoins du plus beau coup de massue qui ait été donné de mémoire d'homme. Il avait été provoqué par les Bédouins qui étaient venus offrir à nos trois amis de les aider à nous voler et de partager le produit du vol avec eux ; nos amis avaient répondu que nous étions sous leur sauvegarde et qu'ils nous défendraient ; un des Bédouins les avait mis en joue et reçut sur l'épaule un coup de massue qui le fit tournoyer trois fois sur lui-même. Sans faire semblant de les voir, nous remontâmes à cheval, en faisant négligemment jouer les batteries de nos pistolets que nous tenions à la main, ce qui, comme toujours, produisit son effet immédiat sur les Arabes qui ont peur ; nos ennemis vinrent nous baiser les mains et nous offrir leurs services. Cependant on crut prudent de ne pas les accepter, et la petite colonne, se serrant de manière à marcher militairement par deux, rentra au campement ; une demi-heure avant de l'atteindre, les six Bédouins avaient disparu dans le ravin qui précède Fougoua *, sans que nous pussions voir comment. Il faisait un froid très-grand et un vent affreux dont le soleil n'atténuait que peu l'effet pénible ; nous tremblions à cha-

* Fougoua est le nom de la place où nous avions campé.

que instant de voir les tentes enlevées, et elles ne nous garantissaient presque pas, de façon que nous étions morfondus et à peine en état d'écrire. Nos pauvres Arabes ne savaient où se réfugier pour se protéger contre la rigueur du temps, et ils avaient fini par se glisser dans des sortes de grottes très-basses voisines du camp, creusées au milieu de ravins, et qui servent de retraite aux chèvres. Le soir, après dîner, en sortant de la tente, la lune brillait dans tout son éclat et répandait sa clarté sur la plaine immense de Schiban dont le fond se perdait dans le brouillard de la nuit; tout d'un coup l'astre parut s'obscurcir, bien qu'il n'y eût pas un nuage dans le ciel, et au bout d'une heure les deux tiers de son disque étaient éclipsés. Des anciens auraient pu regarder ce phénomène comme de mauvais augure et se percer immédiatement de leur épée; mais nous aimions trop la vie et nous croyions trop peu aux présages, pour imiter ces braves gens en assistant à une éclipse de lune; vous conviendrez toutefois qu'il était piquant d'en voir une près du palais d'un roi de Moab, dans un pays inexploré, tandis que peut-être, en regardant votre almanach, vous lisiez : « Le 17 janvier, éclipse totale de lune, invisible à Paris. » Et vous vous impatientiez probablement comme on s'impatiente en pareil cas, en se disant : « C'est bien la peine de l'annoncer, alors! »

La nuit fut glaciale et nous ne pouvions pas nous décider à sortir de nos manteaux pour nous mettre en route. De tous nos Arabes un seul était demeuré pour veiller autour des feux, le pauvre Ahouad, qui entra au jour dans la tente grelottant et accablé de fatigue, mais toujours gai. Les Beni-Hammid allaient retourner chez eux ; nous ne voulions pas les laisser partir sans leur faire de présent, et Hamdan nous fixa une somme qu'il se chargea de leur distribuer ; quand la somme fut comptée, nous nous aperçûmes qu'il ne nous restait presque plus d'argent, et nous avions encore au moins huit jours à vivre au milieu des Bédouins. Il y eut là un moment humiliant pour nous à passer, parce que tout en nous fiant beaucoup à nos avantages personnels, l'expérience nous avait appris qu'après les premiers élans de la politesse qui caractérise ces populations, nos hôtes futurs demanderaient des preuves plus positives de nos richesses, et nous ne savions comment faire. Le hasard ou notre bonne étoile nous vint encore en aide ; car en vérité nous avons été tout le temps protégés par la Providence. Depuis notre départ de Jérusalem, et se mêlant aux muletiers sans que nous eussions fait autrement attention à lui, nous suivait un marchand de moutons qui se rendait pour son commerce à Karak, et qui avait jugé convenable pour sa sûreté de s'associer à nous sans se faire remarquer. Mattéo, à qui nous avions fait part de notre misère, alla le trouver et lui proposa de nous donner tout l'argent qu'il avait avec lui, en lui promettant comme dédommagement le bénéfice probable qu'il comptait faire, payable à notre retour à Jérusalem. Le marchand de moutons, assez tourmenté lui-même quand il s'agissait de se promener dans un pays aussi dangereux, fut enchanté de la proposition et l'accepta de suite. Seulement, comme la loi de Mahomet défend de prêter à usure, il convint avec Mattéo que pour soulager sa conscience, il lui vendrait fictivement son cheval pour la somme qui constituait son indemnité, et qu'alors le reste serait un présent qu'il nous faisait. En effet, ils vinrent dans notre tente tous les deux, et là, Mattéo lui prenant la main, lui dit : « Je t'achète ton cheval pour telle somme ! » et l'autre répondit : « Je te le vends. » Après quoi le prophète n'eut plus rien à y voir, tout le monde était à l'abri de l'impiété, et nous avions de quoi continuer notre voyage. Le boucher s'en alla, et nous ne savons pas ce qu'il est devenu ; c'est à son frère que l'argent fut remis à Jérusalem.

Ce marché conclu, malgré le vent qui n'avait nullement diminué, nous essayâmes par tous les moyens possibles de prendre un estampage de notre beau bas-relief ; mais ce fut sans succès ; le vent emportait chaque feuille après qu'elle était collée sur la pierre. Il se prononça dans cette opération malheureuse les plus horribles blasphèmes. Notre abbé *, qui seul par sa présence arrêtait quelquefois des expansions trop vives de colère, n'était pas là, et nous nous sommes vengés à Fougoua des privations que nous imposait son caractère de prêtre. Un peu plus de patience aurait peut-être fait réussir l'affaire, mais nous étions trop pressés par nos scheikhs, et force fut d'abandonner Fougoua et l'estampage, non sans avoir promis aux Beni-Sakhar une forte somme d'argent s'ils arrivaient à amener le précieux fragment à Jérusalem; il y arrivera peut-être un de ces jours, et sera bien étonné ensuite de nous revoir à Paris; mais ce n'est là qu'un rêve basé sur des probabilités bien incertaines.

Nous partîmes alors dans la direction opposée à celle de la veille, mais en nous écartant plus à l'Est, au Sud-Est. Nous eûmes à traverser le même pays que le jour précédent, les allées de pierres et les ruines à perte de vue; à dix heures et demie nous étions à la hauteur de l'Ouad-Beni-Hammid et continuant au Sud; à onze heures et demie environ, nous ren-

* M. l'abbé Michon, qui n'avait pu nous accompagner à la mer Morte; je le dis plus loin.

contrâmes les ruines d'une ville antique de même construction que celles mentionnées ci-dessus, appelée Tedoum par les Bédouins. Il y a encore là les murs d'un petit temple ; c'est à peu près tout ce qu'il en reste ; un chapiteau garni de fleurons, de palmes et de palmettes, mais impossible à rattacher à aucun ordre d'architecture, gisait devant la porte, surmontée d'une architrave assez élégante ; le plan de ce temple fut levé avec soin. Nous comptions passer la nuit dans les ruines d'er-Rabba, qui est à trois heures de là, mais les Bédouins nous dirent qu'il n'y avait pas d'eau et que par conséquent il fallait forcément aller plus loin. A une heure environ de Tedoum, nous vîmes à gauche du chemin que nous suivions une grande ruine carrée qui extérieurement ressemblait à une forteresse romaine ; nos Arabes nous disaient qu'il n'y avait rien à y voir, et ce fut précisément ce qui nous décida à aller nous en assurer, car depuis le commencement de notre voyage, nous étions attirés surtout par les endroits qu'on nous disait n'avoir aucun intérêt pour nous, et c'était toujours là que nos recherches produisaient le plus de fruits. Il en fut de cette ruine comme de toutes les autres ; après avoir marché à l'Est en ligne directe, nous touchâmes au pied du mur extérieur, haut de vingt-cinq pieds environ et long de trente mètres sur vingt de large. En tournant l'angle Nord-Est, quel ne fut pas notre étonnement de reconnaître l'entrée d'un temple tétrastyle énorme! Les quatre colonnes sont éparses sur le sol en morceaux de six pieds de diamètre ; des chapiteaux gigantesques, une ornementation des plus riches, voilà l'intérieur ; ce temple a été ainsi ordonné vers le temps d'Adrien probablement, car le style de l'architecture et ses proportions sont exactement identiques avec ce qu'on voit à Bâalbek ; l'épaisseur des murs d'enceinte est d'un mètre cinquante centimètres ; mais c'était là un temple que les Romains ont évidemment reconstruit, et qui avait dû servir jadis à honorer Bâal. Ce qui nous le fit penser, c'est une tête du soleil que nous avons trouvée sur un fragment mal conservé, et les substructions en lave qui recouvrent le terrain en avant du temple. Celui-ci porte le nom de *Beit-el-Kerm* (maison de la vigne). Derrière s'élèvent des ruines romaines également, au milieu desquelles des morceaux de sculpture d'une richesse exquise jonchent le sol. Deux gargouilles entre autres représentant une tête de lion et ayant neuf pieds de longueur sur trois pieds d'épaisseur ; nous avions donc lieu de nous féliciter de notre visite à Beit-el-Kerm, et ce nous fut une leçon de plus pour ne jamais écouter les guides en matière d'antiquités.

Il était midi et demi quand nous quittâmes Beit-el-Kerm afin de reprendre notre course Sud vers er-Rabba. Toujours la même plaine, à droite, à gauche, devant et derrière nous ; nos bagages nous précédaient et avec eux le déjeuner, de façon que nous désirions fort les rejoindre, n'ayant pas, malgré nos découvertes archéologiques, oublié encore que nous étions hommes avant d'être antiquaires. Une heure après, nous aperçûmes deux colonnes isolées debout, et entourées d'un espace assez grand, qui jadis avait dû être pavé ; mais il n'y avait que peu de vestiges de ruines à l'entour, et je ne saurais trop dire à quel monument ces colonnes pouvaient se rattacher. A cent pas de là une petite colline, la première que nous vissions depuis le matin, fermait la vue. Après l'avoir gravie, on remarque une voie pavée, encaissée ; des fragments sculptés annoncent qu'on touche à er-Rabba ; en effet, nous entrâmes au milieu (9) des ruines de l'ancienne Rabbat-Moab de l'Ecriture ou Aréopolis des Romains, et là nous trouvâmes toute la ville aussi bien conservée qu'on peut l'espérer après tant de siècles. Quatre colonnes surmontées de chapiteaux richement ornés sont encore à leur place, ainsi que la porte composée d'une grande voûte qui devait avoir environ sept mètres de profondeur, et de deux petites portes latérales en plein cintre ; cette entrée a été ébranlée par un tremblement de terre, et comme elle n'est plus soutenue, le sommet a cédé, et c'est à la courbe des pierres qu'il faut reconnaître la plus grande des trois portes ; les deux autres sont remplies de maçonnerie : les côtés sont encore sur pied, mais ils ont été inclinés par le tremblement de terre et se tiennent debout maintenant en décrivant un arc de cercle. Une piscine de vingt mètres de longueur sur quinze de largeur est derrière la porte, puis il y a des rues et des ruines de maisons à fleur de terre, avec des citernes, sur un espace d'un kilomètre carré au moins ; de plus des colonnes renversées, des chapiteaux et des fûts d'une grande richesse attestent l'élégance passée de er-Rabba et demanderaient des journées entières pour qu'on les étudiât en grand détail. Nous n'y restâmes malheureusement que le temps nécessaire pour lever quelques plans et prendre les dessins les plus importants, car nous avions encore quatre heures de chemin jusqu'à Karak où nous devions coucher le soir. Nos Arabes nous avaient dit vrai quant à l'eau ; il n'en existe pas aux environs de er-Rabba, qui est située dans l'emplacement le plus nu de la terre, bien que le sol aux alentours soit presque partout labourable et en apparence fertile. Au sortir de l'ancienne Aréopolis, nous rentrâmes dans la plaine pour marcher au Sud, sans rien rencontrer de digne d'observation que des ruines sans nom et sans détails intéressants. A trois heures, le pays commença à devenir plus accidenté ;

des collines couvertes d'herbe venaient faire diversion à sa physionomie uniforme depuis le matin, et en même temps nous abriter de temps à autre contre le vent du Sud-Est qui ne s'était point ralenti et nous avait gêné toute la journée. A quatre heures, nous avions à notre droite une petite hauteur surmontée d'un village détruit, mais d'apparence moderne, placé à environ cinq cents mètres de nous ; nous allions nous trouver vis-à-vis cette ruine, lorsque cinq Arabes à cheval et armés de lances en sortirent et descendirent au grand galop vers la plaine en se dirigeant de notre côté.

Par un mouvement que vous vous expliquerez au point de mon récit où je suis parvenu, Madame, nous nous étions tous réunis et nous préparions nos armes ; nos scheikhs passèrent en tête de la caravane, et nous, restant en arrière d'environ vingt pas, nous nous demandions ce que voulaient ces étrangers. Ceux-ci arrêtèrent leurs chevaux tout court devant notre escorte, appuyèrent leur lance à terre et attendirent que Hamdan et Abou-Daouk allassent leur souhaiter le bonjour. En effet, nos amis s'approchèrent et embrassèrent les nouveaux venus très-solennellement, les uns après les autres ; puis Saulcy vint à son tour et salua, mais son salut lui fut à peine rendu, et tout le monde, repartant, s'avança comme auparavant. Nous sûmes alors que c'était le neveu du scheikh de Karak qui était venu au-devant de nous avec quatre de ses amis. Ils montaient des juments pleines assez belles, et ressemblaient du reste à tous les Bédouins que nous avions vus jusque-là. Le neveu du scheikh cependant avait une figure assez régulière, une très-grande taille, mais par malheur il était très-marqué de la petite vérole; de plus, il avait l'air profondément méchant et ironique. Il lui prit pendant la route l'envie de fumer; alors s'approchant paisiblement de Loysel, il lui ôta sa pipe de la bouche et la mit dans la sienne, sans que celui-ci eût le temps de la lui offrir ou du moins de consentir à ce qu'elle lui fût enlevée. La conversation se refroidissait, et nous marchions en silence les uns à côté des autres, sans trop savoir à quoi nous pensions. Le soleil s'abaissait déjà à l'horizon, que nous étions encore à cheval, franchissant des collines sans fin, et à six heures seulement nous nous trouvâmes tout d'un coup au-dessus d'un précipice, avec la ville de Karak devant nous. N'allez pas vous figurer, d'après ce nom pompeux, Madame, que ce soit une ville comme tant d'autres.

Karak était habitée du temps des croisades par un de nos compatriotes, le sire de Krak, qui y avait élu domicile, et il fallait que ce brave sire fût un fier misanthrope, car sa retraite est une triste demeure. C'est un rocher rond d'environ deux kilomètres de circonférence, parfaitement isolé, au milieu de trois vallées environnantes se réunissant en une seule, l'Ouad-Karak, qui descend à la mer Morte. Ce rocher est élevé de huit cents pieds à peu près au-dessus de ces vallées et a l'air complétement inaccessible ; sur le sommet une vieille tour et une ruine de cette architecture du moyen âge qui ne trompe jamais, même à première vue, et quant au reste, des fragments de murailles à moitié détruites, voilà Karak. Pour entrer dans la ville, il nous fallut d'abord descendre au fond de la vallée, ce qui nous prit environ une demi-heure ; en bas, un rocher percé de deux caves sépulcrales vides et grossièrement taillées domine une fontaine assez bien alimentée. Hamdan voulait que nous missions nos tentes dans cet endroit, sans monter à la ville ; mais, comme on dit, le vin était versé, il fallut le boire ; car le neveu du scheikh de Karak nous attendait dans la plaine où il nous avait rejoints, depuis deux nuits et un jour, ayant appris notre arrivée dans ces contrées, et voulant avoir sa part de nos dépouilles.

La montée du rocher de Karak est une des plus verticales et des plus dangereuses que nous eussions encore rencontrées ; nous avions immédiatement sous nos pieds ceux qui nous suivaient, et nous voyions au-dessus de nos têtes le ventre des chevaux de ceux qui nous précédaient ; c'est une sorte d'échelle dont les échelons, pour être irréguliers, n'en sont pas plus commodes. La nuit était venue quand nous débouchâmes sur une sorte de place voisine de la tour en ruines ci-dessus mentionnée, et couverte de Bédouins presque tous armés. La ville entière, composée d'environ trois mille âmes, était sur pied pour nous voir passer ; il y avait de très-laids Bédouins, je vous jure, et qui plus est, tous avaient fort mauvaise mine. Nous traversâmes une suite de ruelles qui longent des masures ruinées et des demeures à moitié souterraines, où végètent les habitants de ce joli endroit, suivis par tous et conservant le plus que nous pouvions nos positions respectives, n'étant rien moins que satisfaits de cet accueil tout à fait honorifique. Après mille détours, nous mîmes pied à terre devant un bâtiment un peu mieux construit et plus élevé, dans lequel on pénètre en passant sous une petite porte d'environ cinq pieds de hauteur. Cette porte donne accès dans une cour, d'où l'on monte à une maison arabe habitée par deux moines grecs, et devant laquelle est l'église chrétienne de Karak. Une grande salle inférieure fut destinée à nos bagages et à nos Arabes, et nous, nous prîmes possession de l'étage supérieur, auquel on parvient par un petit escalier en pierres, sans rampe ; là sont deux chambres assez petites, dont l'une, celle où nous nous fixions, contient pour tout mobilier deux peintures byzantines affreuses, et où le jour pénètre par deux fenêtres sans vitres, de façon que si l'on ne voulait pas s'y morfondre de froid, il fallait fermer deux volets à peine joints et s'interdire ainsi la lumière du jour.

Tel était le palais où nous allions passer les deux nuits de notre visite à Karak. Tout mauvais qu'il était, c'était la première fois, depuis dix jours, que nous allions coucher sous un toit, à peu près à l'abri du vent, et nous étions enchantés. Nous fûmes reçus à notre entrée dans ce qui s'appelle le couvent, par le scheikh des chrétiens de la ville, Abd-Allah, vieux bonhomme ayant une assez belle figure et parlant avec une volubilité incroyable ; il se mit à nos ordres, et, allumant sa pipe, nous offrit de la fumer. Par malheur les habitants de Karak ne cultivent pas de tabac et fument du *datura stramonium*, ce qui, pour des gens asthmatiques, est peut-être bienfaisant, mais ce qui produit un effet fâcheux sur des gens en bonne santé ; les moines, ensuite, nous apportèrent du café sans sucre, fort mauvais, et ce ne fut qu'à neuf heures qu'on nous servit un dîner à la fumée, qui nous restaura cependant beaucoup.

N'étant pas en confiance malgré le toit qui nous abritait, nous couchâmes habillés, comme tous les soirs depuis notre départ; nous comptions dormir, mais les insectes de toute nature abondaient dans notre chambre, en apparence si propre, et compromirent fort notre sommeil.

Le lendemain matin, c'était le dimanche 19 janvier, nous ne nous levâmes qu'à dix heures; le temps, beau tous les jours précédents, était devenu affreux, la pluie et le vent battaient avec une grande violence, et nous avions très-froid. Sur ces entrefaites, Hamdan entra chez nous et ferma la porte derrière lui; car il faut vous dire que depuis notre arrivée, nous avions environ trente Bédouins dehors de notre chambre, qui épiaient chacun de nos mouvements. Hamdan nous dit que le scheikh musulman de Karak, Mohammed-el-Midjielli, était très-irrité de ce que nous n'avions pas été lui faire visite aussitôt après avoir mis pied à terre la veille, et que sa colère nous présageait des ennuis. Saulcy répondit qu'il en était bien fâché, mais qu'il ne se croyait pas obligé à faire une visite comme celle-là lorsqu'il arrivait à neuf heures du soir, épuisé de fatigue; qu'il irait dans la journée. En attendant, il appela Mattéo, lui donna une lettre du pacha de Jérusalem pour Midjielli, en lui recommandant de la porter de sa part, persuadé qu'à la vue de ce papier le scheikh s'adoucirait et nous ferait bon accueil ; mais nous comptions sans notre hôte. Mohammed répondit en prenant la lettre du pacha et en la jetant à dix pas de lui, ajoutant : « Je me soucie bien de ce papier : voilà neuf ans que je ne paye pas de tribut ; si le pacha n'est pas content, qu'il vienne chercher sa lettre ; du reste, réponds aux étrangers que je me satisferai d'un lulé* de pipe et du tabac nécessaire pour le remplir. »

Cette réponse, favorable en apparence, nous fit craindre un guet-apens. Au même instant, le scheikh des Beni-Sakhar, assez animé, vint nous dire qu'on lui refusait de l'orge pour lui et ses hommes, et qu'on ne voulait pas même lui en vendre. Pendant ce temps, nous étions sans cesse encombrés par des Bédouins qui entraient dans notre chambre, et sous aucun prétexte ne voulaient en sortir ; on pouvait facilement comprendre dès lors que nous étions prisonniers et serrés de près ; nous comprenions aussi que la moindre violence nous serait fatale, et qu'il y aurait plus de courage à supporter toutes les vexations qu'à céder à des mouvements de colère qui nous eussent tous perdus. Nous faisions donc la meil-

---

* Un lulé est un fourneau.

leure figure que nous pouvions, lorsque, à midi, un Bédouin se fit introduire, et s'asseyant sur un de nos lits, dit à Saulcy : « Midjielli s'est conduit très-hautement avec toi; c'est un vilain homme, et il y en a d'autres aussi forts que lui ici ; si tu le veux, nous t'en débarrasserons. » Saulcy répondit que notre intention était d'avoir la paix avec tout le monde, qu'il le remerciait de sa bonne volonté et en ferait usage à l'occasion. Le Bédouin se retira, et nous ne l'avons pas revu ; il est probable que ses propos auront été surpris par les espions qui nous gardaient, et qu'il aura payé cher sa proposition.

Lorsqu'il fut parti on déjeuna, et à peine le repas était-il terminé, que le scheikh Midjielli se présenta dans notre retraite, suivi de son neveu et d'environ vingt-cinq Bédouins, les pistolets à la ceinture. Midjielli s'assit sans autre façon sur le lit de Philippe et prit la pipe qu'on lui prépara, sans dire un seul mot et sans regarder personne en face. Pour nous, nous étions tous occupés à examiner son visage, qui est un des plus fins qu'on puisse voir. Il ressemble prodigieusement à Abd-el-Kader, m'a dit Saulcy ; mais comme je crois que vous n'avez jamais vu ce grand personnage, cette comparaison est pour vous complétement inutile. Celui-ci avait donc le nez extrêmement droit et fin, des narines qui se dilataient avec une vivacité extraordinaire à chaque mouvement de ses traits, une bouche d'une forme charmante entourée d'une barbe noire et soyeuse, mais dont les lèvres minces et serrées faisaient bien deviner un caractère dominant et cruel. Le père et le grand-père de Midjielli ont été pendus par Ibrahim-Pacha, quand il s'empara de Karak, et celui que nous voyions est maître absolu de la ville, qu'il gouverne en tyran. Après avoir fumé quelque temps en silence ainsi que son neveu, Midjielli leva la tête et nous regarda avec une fixité pleine de hardiesse et d'insolence; on aurait dit qu'il voulait nous écraser de son regard, auquel la couleur noire de ses yeux donnait une sauvagerie indescriptible. Il nous demanda jusques à quand nous comptions rester à Karak, et le silence recommença. Tous ses amis, pendant ce temps, s'étaient établis sur nos lits et nos tabourets, et c'est à peine si nous, possesseurs de la chambre, avions de quoi nous asseoir. Après être resté environ une demi-heure dans cette attitude méprisante, Midjielli se leva avec son neveu et sortit sans ajouter un seul mot.

« Quel brigand, dit Saulcy en refermant la porte sur lui, et dire que nous sommes entre ses mains et à sa merci ! »

Nous commencions à ne pas trop savoir comment tout cela finirait; on ne nous avait pas encore parlé de rançon, et ce silence ne pouvait que présager de plus grandes extorsions encore qu'habituellement; mais ce qui nous tourmentait surtout, c'était le temps devenu affreux, et nous craignions que pour peu que nous perdissions un ou deux jours, la plaine fangeuse de la montagne de sel ne fût impraticable; du reste nous ne songions à la Sabkhah que dans un avenir bien vague, et notre unique pensée était de sortir de Karak par quelque moyen que ce fût. A quatre heures, car je prolonge à dessein, et au risque de vous bien ennuyer, le récit de cette éternelle journée, Midjielli vint nous chercher pour nous faire voir sa ville; et en effet il nous mena visiter les ruines d'une tour carrée du temps des croisades, dont les trois pans sont encore debout; c'est celle qu'on voit en arrivant : une galerie, placée à quarante pieds au-dessus du sol, contient des fenêtres murées en ogive, et à vingt-cinq pieds environ une longue inscription relative au sultan Bibars, gravée sur une plaque de marbre et terminée par deux lions, est encastrée dans le mur. Le vent et la pluie nous forcèrent de revenir, mais en rentrant nous passâmes près d'une grande piscine, à moitié remplie, d'une époque beaucoup plus ancienne. Pendant que nous la regardions, je prévins Saulcy qu'un des nombreux

Bédouins qui nous entouraient venait de lui cracher dans le dos ; il se retourna comme un éclair en armant un pistolet, mais la réflexion le lui fit remettre à sa place, et j'ai vu la sueur couler sur son front. Nous regagnâmes le couvent en passant sous les ruines d'une mosquée à moitié conservée. Midjielli s'assit en arrivant et demanda sans plus de façon à manger aux moines ; on lui apporta une omelette, et, avec son neveu, ils l'avalèrent en entier en se servant de leurs doigts, ce qui leur semblait beaucoup plus commode.

Lorsqu'il nous quitta de nouveau, Saulcy le pria de revenir le soir pour nous entendre avec lui *sur le présent à lui faire* pour son aimable hospitalité. Vous voyez combien les voyages rendent menteurs ! Pour la première fois de la journée, notre chambre se trouva habitée par nous seuls. Après le dîner, qui fut fort gai, malgré notre emprisonnement et les Arabes qui nous gardaient à vue, Midjielli revint de nouveau avec son neveu et Hamdan, pour discuter sur notre sort. Alors Saulcy, s'armant de toute son éloquence, voulut faire du chevaleresque, et s'adressant au scheikh, lui dit qu'il le considérait comme trop noble pour lui offrir de l'argent ; mais qu'il ne voulait pas quitter son pays sans lui laisser un présent qui le fît souvenir de l'expédition française dans sa ville ; qu'en conséquence, il lui donnait son fusil à deux coups, une des plus belles armes qu'on fît en France, et d'une très-grande valeur, et à son neveu une paire de pistolets. Il avait employé pour ce speech toutes les ressources de l'art oratoire et les figures les plus poétiques ; puis il attendit que l'effet se produisît. Midjielli dit quelques mots à voix basse à son neveu, et, levant tranquillement la tête, dit à Saulcy :

« Qu'est-ce que valent ton fusil et tes pistolets ? »

Un des blocs de lave de la plaine de Schihan, tombant sur notre tête, ne nous eût pas fait un effet plus désagréable que ces paroles de Midjielli. Mais il n'y avait pas à reculer, Saulcy ayant dit que les armes avaient une grande valeur, et il était pris par ses propres paroles. Nous voyions enfin la rançon se montrer. On répondit que le fusil et les pistolets valaient quinze cents piastres ; sur quoi le scheikh et son neveu discutèrent encore et finirent par dire qu'ils ne pouvaient pas se servir d'armes à percussion, qu'ils le regrettaient, mais qu'ils préféraient de beaucoup l'argent. Alors, Madame, toute idée chevaleresque sur les Bédouins s'évanouit pour nous, et ils restèrent, à nos yeux, ce qu'ils sont les trois quarts du temps, d'horribles coquins.

Pour abréger, après deux heures de pourparlers, dans lesquels Hamdam était pâle d'indignation de la rapacité des scheikhs, et nous pâles de colère, le prix de notre liberté fut fixé à deux mille piastres et à des vêtements pour Midjielli et son neveu ; ils se levèrent enfin et sortirent pour se faire payer, parce que nous ne voulions pas qu'on leur comptât l'argent devant nous. Ils étaient à peine partis, que Midjielli rentra et demanda dix pièces d'or pour son frère. Accordé à l'unanimité, pourvu qu'il voulût bien nous laisser tranquilles définitivement. Telle fut la délicatesse de cet homme qui ne voulait d'abord qu'un lulé de pipe ! Nous allions nous coucher, irrités de tant de mauvaise foi, lorsque le scheikh des chrétiens, Abd-Allah, vint nous souhaiter le bonsoir, accompagné de trois ou quatre autres, et nous demander de vouloir bien lui montrer une tabatière à musique que nous portions avec nous, et qui fut pour tous un sujet d'étonnement muet pendant trois quarts d'heure. Enfin, épuisés de fatigue et d'ennui, nous les priâmes de s'en aller ; on barricada la porte, et nous nous disposâmes à nous reposer. Loysel n'était pas en train de dormir, mais bien de rire et de plaisanter, comme toujours, dans les plus mauvais moments ; car je vous déclare que notre position était alors très-délicate, et c'est à notre honnêteté que nous avons dû de nous en tirer ; voici

13.

comment. En effet, Midjielli voulait que nous renvoyassions les Béni-Sakhar pour nous servir d'escorte lui-même, et nous refusâmes, à cause de notre engagement vis-à-vis des autres. Nous avons su ensuite que c'était pour nous avoir tout à fait en son pouvoir et nous traiter comme bon lui semblerait. Loysel donc, loin de se démonter, n'avait jamais été si en train et si aimable, et avant de se coucher, il nous rappela mille folies de nos jours les plus gais en France; et si la répétition de plaisanteries parfois insignifiantes est monotone à Paris et à l'abri du danger, elle prend un tout autre caractère quand on s'y livre en étant prisonniers et à la merci de trois mille brigands. Puis, après nous être dit bonsoir plus affectueusement encore que de coutume, chacun s'enveloppa de son manteau, et l'on s'endormit incontinent.

Le vent souffla accompagné de pluie pendant toute la nuit, et nous étions peu garantis par les volets des fenêtres qui n'étaient qu'une protection illusoire et d'aucune utilité. Cependant le matin, nous étions en mesure de partir de bien bonne heure, et nous faisions demander les muletiers et les chevaux. Voilà que François le drogman, furieux d'avoir été amené dans une pareille bagarre et avec cet esprit faux qu'ont parfois les gens inférieurs, et qui leur fait préférer de rester dans l'embarras quand ils y sont malgré eux, pour donner une leçon à ceux qu'ils servent, ne voulait plus se mettre en route, en disant que les chevaux n'étaient pas ferrés. Vous devez bien penser comment il fut reçu à cette nouvelle, et il trouva moyen de se disposer au plus vite. A neuf heures du matin, on nous annonça la visite du frère de Midjielli, pour qui celui-ci demandait dix pièces d'or la veille : nous les lui donnâmes, mais après les avoir comptées, il les refusa, disant qu'il avait la même puissance que son frère, qu'il ne savait pas pourquoi on ne le traitait pas sur le même pied. Cette nouvelle exigence nous mit hors de nous, et Saulcy lui déclara qu'il ne pouvait rien lui donner de plus en argent ; mais l'autre ne se laissait pas démonter si facilement, et il ne s'en allait pas : alors une idée lumineuse nous traversa la tête, celle de la boîte à musique ; aussitôt on la mit sur un verre et on la fit jouer. En entendant le *Ranz des vaches*, ou je ne sais quelle autre mélodie plus ou moins européenne, le Bédouin commença à se calmer et à écouter avec un respectueux ébahissement : on lui fit croire que cet objet à lui seul valait tous les présents faits à ses parents ; après bien des hésitations, on lui livra la tabatière, et à la première impulsion qu'il donna au petit ressort qui la fait mouvoir, il le cassa. On lui recommanda, voyant cet accident qu'il n'avait pas aperçu, de laisser reposer l'instrument jusqu'au soir et surtout de ne pas parler devant ses amis d'un don si considérable. Le soir nous devions être loin, et peu nous importait sa colère: c'est ainsi que nous commencions, comme on dit, *à hurler avec les loups.*

Pendant que les moukres achevaient de charger les mulets, Midjielli, devenu un peu moins sauvage, exigea que nous allassions avec lui voir le château de Karak, et partant seuls, nous nous y rendîmes de suite. C'est une construction du moyen âge, entourée d'un glacis en pierres descendant d'environ cinquante mètres le long du rocher qui supporte la ville : des cours intérieures, des galeries couvertes avec des meurtrières donnant sur le précipice; en un mot, un de ces châteaux où chez nous l'on voit écrits tant de noms de visiteurs anglais ou allemands : il n'y a à Karak, pour une bonne raison, que les noms qui manquent. Au milieu du château se trouve une petite église, où l'on reconnaît encore des traces de peintures du XIIe siècle, mais sans grand mérite; au-dessus de la porte extérieure, un fragment de lave sculptée nous frappa; il représentait cet œil égyptien si respecté par ce peuple : le retrouver là, c'était constater une singulière coïncidence entre la religion moabite et la religion égyptienne. Belly fut chargé de le dessiner, et pendant qu'il s'acquittait avec zèle de cette commission, un Bédouin, qui s'intéressait moins à l'archéologie, le dérangea en l'insultant d'une façon aussi lâche que difficile à raconter, et dans laquelle le pied du Bédouin jouait un grand rôle... A bon entendeur, salut! Belly accourut furieux se plaindre auprès du scheikh, qui se mit à rire en haussant les épaules comme pour dire : « Mon Dieu, pour si peu de chose! plaignez-vous donc? Vous êtes encore bien heureux? » Là-dessus nous rentrâmes, et il était temps. Pendant notre absence, mon brave Philippe avait eu à repousser, le pistolet à la main, des Bédouins qui voulaient envahir notre chambre et prendre nos armes; ils n'avaient pu voler qu'un sabre appartenant à François. François avait crié comme si on l'écorchait, et quand nous arrivâmes, les scheikhs Beni-Sakhar s'approchant de Midjielli l'accablèrent des injures les plus cruelles sur sa rapacité et la mauvaise foi de ses Arabes.

« Si pareille chose avait lieu dans mon camp, lui disait l'un, je rendrais plutôt dix sabres qu'un à l'étranger, pour lui faire oublier ce qu'on lui aurait pris. »

On cria le sabre par toute la ville, mais vous n'avez pas besoin que j'ajoute qu'il ne se trouva pas.

Les chevaux s'impatientaient devant le couvent, et nous nous hâtâmes de sauter en selle pour nous esquiver au plus vite. Les toits des maisons étaient couverts des Bédouins de Karak ; nous étions nous-mêmes entourés, mais avec nous toute notre escorte prête à nous défendre. Au moment de nous mettre en marche, Midjielli s'approchant de Saulcy avec son neveu, lui dit :

« Hier soir, tu nous avais promis un fusil et une paire de pistolets?
— Oui, mais je t'en ai donné la valeur en argent.
— C'est vrai. Eh bien, maintenant donne-moi les armes. »

Saulcy, ne se contenant plus, lui répondit à tout risque :

« Tu n'auras plus rien de moi ; seulement on a volé un sabre à un de mes domestiques, si tu le retrouves, je te le donne. »

Et le misérable s'en alla en remerciant, ce qui nous fit supposer qu'il savait assez bien où était le sabre ; puis prenant sa jument, il nous accompagna. Pour sortir de Karak, il faut passer sous une voûte qui trace un arc de cercle ; cette voûte est haute devingt-cinq pieds, large de quinze, et terminée par une ouverture au-dessus de laquelle est une inscription mutilée, du temps de Bibars, comme celle de la Tour. A peine fûmes-nous dehors que nous reçûmes et vîmes passer près de nous plusieurs pierres : c'étaient les adieux des habitants de Karak!

Afin de faire un semblant de protection vis-à-vis de nous, Midjielli en rencontrant un de ses Bédouins qui se trouvait sur le chemin, lui asséna de toutes ses forces sur la tête, sans plus de commentaires, un coup avec le tuyau de sa pipe : le Bédouin s'en alla sans répondre et comme habitué à de semblables présents! Le chemin, en sortant de la voûte, dont je viens de vous parler, contourne la tour, dont j'ai pu prendre un dessin. A l'angle de cette tour, Midjielli nous souhaita bon voyage d'un air fort sec et rentra dans la ville au galop. Pour nous, nous étions, sans qu'on nous l'eût recommandé, comme Loth et ses deux filles, et nous ne voulions pas regarder derrière nous, tant nous étions heureux de nous sentir libres ; il nous semblait que lorsque nous atteindrions la rive occidentale de la mer, nous serions sur notre terre natale. Après avoir descendu le rocher de Karak, nous nous trouvâmes au bord d'un ruisseau magnifique qui met en mouvement deux moulins arabes, les seuls que nous ayons vus dans le pays. Il coule entre des arbres d'une vigueur peu commune, des palmiers dattiers entre autres, dont les larges bouquets étincèlent de verdure. La route côtoie alors continuellement le flanc gauche de l'ouad Karak, tantôt sur le gazon, tantôt sur des rochers, qui ne sont plus dépouillés comme ceux du bord de la mer; presque tous sont couverts de fleurs; vers midi, nous nous écartâmes de l'ouady pour marcher plus au sud-ouest et traverser un cours d'eau sortant d'une vallée qui se prolonge au sud; il y a là un petit espace plat. Le scheikh chrétien voulait que nous y demeurassions, assurant qu'il n'y avait plus d'eau potable que quatre heures plus loin; mais en nous retournant sur nos selles, nous voyions, comme à dix pas de nous, les murailles de Karak, et nous les connaissions trop bien pour désirer séjourner dans des environs aussi proches; à la grande déplaisance des muletiers dont la fainéantise reparaît sitôt que le danger diminue, nous reprîmes donc notre course. Nous n'avons jamais bien su pourquoi Abd-Allah voulait nous faire camper si près de Karak, et nous sommes convaincus que nous avons déjoué, en descendant plus bas, de mauvais projets.

Hamdan et Abou-Daouk s'en allèrent manger un

mouton chez des brigands de leur connaissance, et nous nous continuâmes avec leurs hommes : à trois heures, nous aperçûmes de nouveau la mer Morte et nous la saluâmes de grand cœur ; nous longions toujours le flanc de la montagne à côté des plus singuliers rochers du monde ; les eaux des pluies, des bouleversements géologiques, ou, pour être plus court, je ne sais quelles causes, les ont minés et creusés intérieurement dans toutes les formes ; je ne parle pas de ceux que des tremblements de terre évidents ont détachés et fait rouler dans la vallée, j'entends ceux qui composent le corps de la montagne. Les cavités de ces rochers formaient souvent de véritables petites chambres, et parfois la pierre ménagée dans de certaines places et rongée des deux côtés, était taillée en véritables colonnes qui semblaient sortir du ciseau d'un sculpteur. L'aspect général de ce passage, qui dure une heure et précède la crête d'où l'on descend au bord de la mer, est, sous beaucoup de rapports, celui de cet endroit fameux dans les Pyrénées, qu'on appelle le Chaos, et qu'on traverse une heure avant d'arriver à Gavarnie. Ces traces de tremblements de terre devaient avoir leur origine et nous ne tardâmes pas à en être convaincus, en arrivant au-dessus de la mer Morte et devant un cratère de volcan très-étendu, mais d'une autre composition que ceux que nous avions déjà vus; la nature du sol et des pierres était complétement bitumineuse; nous voyions des fragments qui étaient recouverts de bitume, et plusieurs traînées de cendres qui descendaient du sommet et s'élargissaient à la base, avaient une teinte uniformément noire. La lave abondait, le sol était bouleversé; partout des petits mamelons ronds et qui semblaient avoir été comme soufflés inférieurement, aucune végétation quelconque, de la cendre et du bitume : indépendamment de la curieuse observation de cette dernière matière en si grande quantité, la vue lugubre et sauvage par elle-même aurait bien suffi pour rendre intéressant cet endroit étrange. Au sortir de ce cratère, on domine tout le Rhôr-el-Mezrâa; nous voyions l'endroit où nous avions été attaqués, mais nous le laissions à notre droite et nous descendions dans la direction du deuxième campement des Beni-Sakhar, où, comme vous l'avez vu, l'hospitalité n'avait pas été payée trop cher. Le temps était devenu très-incertain, il y avait beaucoup de nuages dans le ciel; mais nous étions dans un pays que nous connaissions et surtout nous n'étions plus à Karak! On dressa les tentes à mi-côte sur le dos d'un mamelon isolé et abrupte, à l'entrée de l'ouad-ed-Drâa et au pied duquel coulait un petit torrent charmant bordé de palmiers dattiers sans nombre.

Le bruit du camp, que nous avions oublié depuis trois jours, recommença ; les muletiers, couchés près des feux, avaient rallumé leurs narguilhés, et leur chef, le grand Antôn, leur chantait les chansons du pays, en les accompagnant de la pantomime qui convenait aux paroles. Pour nous, nous nous retrouvions dans notre tente, tout à fait chez nous, et nous rédigions, sans inquiétude et sans craintes, pour le moment du moins, ces curieuses pages de notre journal. Vers minuit, la pluie se déclara et commença à tomber assez fort. Au commencement d'une averse, il y a un moment pénible dans une tente jusqu'à ce que la toile soit bien imbibée d'eau, parce qu'alors la pluie ne traverse plus, glisse par-dessus, et tombe à terre ; jusque-là on est mouillé à l'intérieur : mais, pourvu qu'on soit bien endormi avant, on ne s'en aperçoit que le lendemain. à l'humidité de ses vêtements. C'est ce qui nous arriva. On se leva joyeux, malgré le mauvais temps, et nous étions à cheval à huit heures ; le lieu du campement était joli, mais il y avait trop de scorpions ; un de nos hommes en serrant la tente fut piqué, heureusement très-légèrement, par un de ces animaux, qui s'était glissé dans un pli de la toile pour avoir plus chaud ; de plus, il y en avait sous chaque pierre que nous retournions pour y chercher des coléoptères : du reste, on s'habitue si bien à leur présence, qu'on finit par n'y plus faire aucune attention. Le scheikh Abd-Allah, qui nous avait accompagnés jusque-là, reçut cinq cents piastres et des vêtements, puis on se sépara, lui pour rentrer dans sa ville hospitalière, et nous pour gagner le territoire des Beni-Sakhar.

En quittant le campement, nous continuâmes au sud-ouest, longeant les montagnes, et descendant en biais par-dessus des collines rondes et d'argile mélangée de cendre. A dix heures, nous commençâmes à voir des déjections volcaniques nombreuses qui se succédaient à des intervalles très-courts, et nous nous trouvâmes au milieu de ruines immenses d'environ trois kilomètres d'étendue, et placées exactement devant le cratère d'un volcan. Ces ruines s'appellent *Sebâan* (10); de *Sebâan* à *Seboïm*, y a-t-il loin? C'est à vous à le décider : pour nous, la question n'est pas douteuse; il nous sera donc permis de n'être pas ici de l'avis du docteur Robinson et des voyageurs qui seuls sont descendus à El-Mezrâa, c'est-à-dire d'Irby et Mangles, qui placent là Zoar; je vous dirai pourquoi un peu plus tard : en attendant, qu'il vous suffise de savoir qu'enchantés d'avoir retrouvé Seboïm, nous déjeunâmes au milieu de ses ruines, en ramassant des fragments géologiques d'un grand intérêt par leur composition. Après Seboïm, nous descendîmes encore au sud-ouest, et nous ne tardâmes pas à rejoindre l'enceinte du second campement des Beni-Sakhar. Nous avions reconnu, en bas des mamelons volcaniques au milieu desquels est Seboïm, cette végétation du Rhôr à laquelle notre court séjour dans ces endroits nous avait déjà habitués; nous passions successivement tous les lieux que nous avions remarqués lors de notre première visite; le second campement n'était plus là; seulement autour de son emplacement, marqué par des traces de feu et des trous pour les piquets des tentes, tous les arbustes avaient été dépouillés de leurs feuilles inférieures par les chameaux, et la verdure dévorée par les troupeaux; les habitants avaient donc été forcés d'aller chercher ailleurs leur existence. Singulier genre de vie que celui d'hommes qui ne s'amusent pas, comme chez nous, à chercher la meilleure forme de gouvernement, mais seulement un endroit où leurs troupeaux puissent ne pas mourir de faim, et eux avoir de l'eau pour apaiser leur soif !

Dès lors, en rectifiant nos notes qui étaient, du reste, fort exactement prises, par le soin que nous avions de les écrire presque minute par minute, nous atteignîmes la plaine de sable qui nous avait valu une si poignante émotion et la vue d'une panthère, puis nous rentrâmes dans le Rhôr Safieh et au milieu des chameaux des Beni-Sakhar ; seulement, au lieu de traverser la plaine, nous nous tenions toujours le long de la montagne, pour éviter de nouveaux malheurs. Nos Bédouins ne faisaient plus de fantasia ; d'ailleurs leurs chevaux étaient épuisés et peu en train de courir. En côtoyant les rochers, nous crûmes en reconnaître des blocs entiers ayant des teintes variées, non pas provenant de veines comme dans le marbre, par exemple, mais d'une accumulation de matières de différentes couleurs, rouges, jaunes, oranges, etc., etc. A un plus minutieux examen, nous reconnûmes que c'était là cette *brèche universelle* si renommée du temps des Romains, mais dont le gisement n'avait pas encore été retrouvé. Il y aurait là une riche exploitation à faire, et je féliciterais de tout mon cœur le spéculateur hardi qui viendrait demander aux Beni-Sakhar la permission de tirer parti d'un trésor jadis si estimé. Malheureusement, je me figure difficilement la mer Morte sillonnée par les embarcations nécessaires à une pareille entreprise, et je crains bien que, d'ici à quelque temps, nous ne soyons les seuls qui rapportions de cette précieuse matière. Une demi-heure après notre entrée dans le Rhôr, nous nous arrêtâmes pour la nuit, dans le campement qui se trouve le plus près de la lisière des arbres, et qui avait mis un terme à notre promenade lors de notre venue. On nous donna, pour la première fois depuis notre séjour chez les Bédouins, une très-cordiale hospitalité. Les scheikhs Beni-Sakhar firent immédiatement évacuer la place où étaient les tentes, et nous pûmes à loisir nous reposer. Pendant que nous attendions le dîner, on vint prier Saulcy d'indiquer un remède à un homme qui venait d'être mordu par un des chiens du camp. En effet, on apporta ce malheureux, qui avait la moitié du talon enlevé; on lava la plaie avec du sel et de l'eau, ce qui cause toujours une piqûre très-douloureuse; mais il semblait qu'il fût de fer, il ne souffla pas un mot, et se laissa panser en souriant, sans remercier toutefois, car jamais je n'ai surpris un air de reconnaissance sur le visage d'un Bédouin. Un seul, notre vieil Abou-Daouk avait témoigné la sienne par son dévouement. Saulcy, qui se faisait passer pour médecin, l'avait guéri d'une ophthalmie très-violente, et depuis ce moment le vieux Bédouin se serait fait couper en morceaux pour nous.

La soirée était obscure, et la pluie ne tarda pas à venir; nous tremblions que la Sabkhah, que nous devions passer le lendemain pour atteindre la montagne de sel, ne fût impraticable; et, dans ce cas, nous serions encore tous chez les Beni-Sakhar, car ce n'aurait été qu'à la belle saison qu'il eût été possible de franchir ce mauvais pas, et nous n'avions pas d'argent en quantité suffisante pour tourner la plaine au milieu des tribus qui habitent sur ses limites. Nous recommandant à la Providence, et mettant les lits le plus possible au milieu de la tente, pour éviter l'eau qui commençait à y pénétrer, nous nous couchâmes. Vers le milieu de la nuit, un coup de feu se fit entendre, suivi d'aboiements dans tout le camp. Nous étions si habitués à ces émotions, qu'on entendit quelques mouvements, comme ceux de gens qui se réveillent en sursaut; pour mon compte, je me dis tacitement : « C'est un voleur qu'on tue; » puis, je me retournai de l'autre côté, pour me lever avec le soleil.

Le jour nous amena avec lui les nuages et le mauvais temps; nous étions très-inquiets de notre journée, et nous avions hâte de nous mettre en marche. On nous apprit alors que c'était Hamdan qui avait tiré le coup de fusil de la nuit. En faisant une de ses nombreuses rondes, il s'était aperçu que ses hommes, accablés par des marches successives et prolongées, s'étaient endormis; il s'était approché de l'un d'eux et avait déchargé sa carabine à deux pouces de ses oreilles, en l'accablant d'injures et probablement de mauvais traitements; et cependant, si sommeil était excusable, c'était bien celui de ces pauvres gens; mais les Arabes, quand ils sont engagés, servent avec un dévouement absolu, et depuis quinze jours, Hamdan, qui avait juré de nous garder, n'avait pas dormi une nuit. A quelque heure qu'on se réveillât, on entendait sa voix et celle du factionnaire qui l'appelait pendant la veille. Avant de dire adieu aux Beni-Sakhar, nous distribuâmes aux femmes du campement cinq cents aiguilles que nous avions avec nous, et qui eurent un succès immense. Un des scheikhs proposa à Saulcy de rester dans sa tribu et d'y choisir une femme qui lui conviendrait, offre déclinée par mon ami, qui commençait à se fatiguer de la vie bédouine; puis, après leur avoir donné à tous de bonnes poignées de mains, nous quittâmes le campement, nous dirigeant vers la Sabkhah. A onze heures, nous tournions le camp des Ahouethât : nous avions rassemblé toutes les mules, et nous nous tenions serrés les uns contre les autres; mais les Ahouethât, soit qu'ils eussent peur des Beni-Sakhar, soit qu'ils fussent engourdis par l'humidité, ne bougèrent pas, et nous traversâmes sans encombre la lisière de roseaux dont je vous ai parlé, et où nous étions entrés pour la première fois sur la rive orientale. A peine dans ce fourré, le terrain, d'humide qu'il était, devint fangeux; les mules enfonçaient jusqu'au poitrail; à chaque instant les charges se défaisaient et il fallait les remettre. Nous n'étions pas encore dans la Sabkhah ; alors une inquiétude sérieuse s'empara de nous, car ce n'est rien d'avoir à se défendre des hommes, mais se trouver dans l'alternative ou de périr dans la fange ou de s'établir chez les Bédouins à demeure fixe, c'était trop dur ; nous préférâmes courir la chance de la plaine bourbeuse, dans la pensée que si les bagages y restaient, nous pourrions nous en tirer personnellement. En faisant ces réflexions, nous étions parvenus à franchir les roseaux, et nous touchions à la plaine redoutable. Là, tous nos Arabes relevèrent leur robe au-dessus de leurs ceintures et se mirent à suivre le frère d'Abou-Daouk, qui frayait le chemin avec un sang-froid et une intelligence merveilleux. Vous connaissez bien, Madame, ces tableaux qui représentent des patineurs en Hollande, l'aspect brillant que les peintres cherchent à donner au terrain poli et glissant sur lequel leurs personnages s'aventurent. Les ombres portées sur la glace sont d'une grande transparence ; mais sur l'incroyable miroir où nous nous engagions, les mêmes ombres étaient complétement opaques. Cette illusion de glace n'était que pour les yeux, car nous fûmes de suite ramenés à la réalité par l'incroyable difficulté d'avancer sur cette mer d'argile et de sel délayés. Notre position était exactement celle d'une mouche qui tombe dans un pot de pommade et qui, après avoir à grande peine retiré une de ses pattes, est obligée de recommencer les mêmes efforts pour celle qui suit. Avec la bonne volonté et l'activité habituelles des moukres, vous vous figurez aisément ce que nous serions devenus ; car sachez que jamais un moukre ne songe à aider la mule qui appartient à son camarade ; il la verrait plutôt s'effondrer mille fois que de la sortir d'un mauvais pas : cet échange de bons procédés vous expliquera la distribution uniforme pour tous de coups de cravache, qui leur fut généreusement accordée sans autre résultat que de leur faire appeler le prophète à leur secours. Nous avions à peine fait cent pas dans la plaine fangeuse, que nos chevaux avaient de la boue jusqu'au ventre, et plusieurs fois nous avions déjà regardé en arrière, sur le point de renoncer à un passage où le danger était si inévitable. Nous atteignîmes alors le premier des ruisseaux qui se jettent des montagnes Sud dans la mer ; mais il était rempli jusqu'au bord, et coulait avec une violence effrayante. Deux ou trois de nos Arabes, en cherchant l'endroit le moins profond pour nous, furent renversés par le courant et eurent beaucoup de peine à gagner l'autre bord. Toutes les mules passèrent toutefois saines et sauves ; il n'en restait plus qu'une qui, refusant absolument de suivre le même chemin, alla prendre l'eau un peu plus bas; emportée par le torrent, elle perdit pied et disparut à deux reprises différentes; puis elle reparut à la surface vingt pas plus loin, mais sans pouvoir remonter à terre, les rives étant à pic et en véritable terre glaise. Alors nos Arabes, sans calculer l'imminence du péril pour eux, se laissèrent glisser jusqu'au bord et saisirent le malheureux animal par les oreilles; puis, avec des peines inconcevables, en se tenant les uns aux autres pour ne pas être eux-mêmes entraînés, et entonnant un chant sauvage qui secondait leurs efforts, ils parvinrent à sortir la mule et à la remettre sur ses jambes; elle fit quelques pas, puis tomba de nouveau et ne se releva plus; il fallut l'abandonner. Après ce ruisseau, un autre se présenta, mais moins fort peut-être, et il fut passé sans accident; puis nous commençâmes de nouveau à cheminer sur un terrain uni. Nous nous suivions les uns les autres, tâchant de faire mettre les pieds de nos chevaux dans les trous faits par ceux qui nous précédaient et tremblant de voir arriver de nouveaux malheurs. Nous fûmes bientôt disséminés dans toute la plaine par petits groupes, autour des mules qui successivement tombaient toutes sans pouvoir reprendre pied, et si nous avions été attaqués, nous aurions été perdus sans ressource; mais nous songions peu aux embuscades en ce moment, et notre unique crainte était de perdre le fruit de tant de travail et de fatigue, en voyant disparaître nos herbiers, nos insectes et nos minéraux. A moitié chemin à peu près, nous rencontrâmes le plus large des torrents, mais par une chance inouïe il était à peine rempli d'eau, car sans cette circonstance nous aurions été arrêtés sans possibilité d'aller outre, les rives étant très-élevées. A peine au bord, les chevaux glissèrent jusqu'au fond sur leurs quatre pieds, et l'un d'eux, tombant le nez dans la vase, fut étouffé et mourut sur place. De l'autre côté de ce torrent, cette vase devint de plus en plus glissante, et à un moment, le cheval de Saulcy, manquant des pieds de derrière, entra jusqu'à la selle; une sueur froide me coula sur tout le corps à cet instant; je croyais mon ami perdu, mais sa pauvre monture fit un tel effort qu'elle sortit du trou où elle s'était enfoncée et se tira d'affaire.

Enfin, Madame, après des émotions sans nombre, des peines inouïes, et grâce au dévouement et à l'ardeur incessante de nos Arabes qui, couverts de boue de la tête aux pieds, couraient de l'un à l'autre pour porter les secours les plus efficaces, car les moukres maudits ne voulaient pour ainsi dire point s'occuper de leurs animaux, nous gagnâmes le pied de la montagne de sel. Notre lutte sur la Sabkhah avait duré deux heures, et une protection divine a seule pu nous faire sortir ainsi de ce mauvais pas, car nous n'avions perdu que l'orge destiné à la nourriture des chevaux, et les collections étaient préservées. Nos Arabes étaient épuisés et ruisselants de sueur: aussi, dès que nous touchâmes les rochers, on s'arrêta pour se réunir, et nous déjeunâmes après avoir, au préalable, distribué quelques piastres à notre brave escorte; un de ces pauvres gens, le même qui était si animé à El-Mezrâa, si vous vous en souvenez, fut pris de douleurs très-violentes à l'estomac et de convulsions qui nous inquiétèrent beaucoup. Voyez ce que peut le fanatisme religieux sur ces hommes : ne sachant que faire pour le soulager, nous lui offrions de l'eau-de-vie, mais il refusait formellement de boire, et n'y consentit que lorsque ses compagnons l'eurent bien assuré que ce n'était pas du vin. On indemnisa aussi les muletiers dont la mule et le cheval avaient péri, puis, soulagés d'un grand poids, nous reprîmes joyeusement notre marche. Bien que tout proche de la montagne de sel, le terrain était encore complétement détrempé et très-fatigant pour nos montures; mais peu nous importait, la Sabkhah était franchie!

Nous passions à deux heures devant la grotte près de laquelle les Ahouethât étaient venus nous attendre, et à quatre heures sur les ruines de Sodome ; là, au lieu de reprendre au nord, nous obliquions à l'ouest, nous dirigeant vers l'ouad-ez-Zouera et ce cratère dont je vous ai parlé, devant lequel est une hauteur. Pour l'atteindre, il faut traverser ces buissons d'arbres, derrière lesquels, lors de notre venue, on nous avait fait craindre des embuscades, puis nous commençâmes à gravir la colline : sur le flanc de cette colline, il y a de nouvelles ruines assez étendues, moins toutefois que celles de Sodome ; les Arabes les appellent Zouera (11) : cela ne ressemble-t-il pas à s'y tromper à Zoar? Maintenant il faut que je vous explique en deux mots, et sans empiéter sur le domaine de la science, pourquoi nous croyons que c'est Zoar ; je ne vous en dirai qu'une seule raison, persuadé qu'elle vous suffira : c'est qu'il est écrit dans la Bible, qui, après tout, est le seul livre à consulter sur ces matières, que Loth, parti de Sodome avec ses deux filles à la fin de la nuit, arriva au lever du soleil à Zoar. Or, de Sodome à *notre* Zoar, il y a environ une heure de chemin, et pour aller à la Zoar supposée de Robinson et d'Irby et Mangles, qui n'est autre que *notre* Seboïm, il eût fallu, même en supposant que la mer ne s'étendît pas jusqu'à Sodome, au moins huit heures ; or, je crois que notre hypothèse, indépendamment des ressemblances de nom, est au moins très rationnelle. Je n'insisterai pas davantage là-dessus, et je vous expliquerai, quand je vous reverrai, plus en détail cette importante question, que nous avons, Dieu merci! assez étudiée pendant les journées de pluie qui ont suivi notre retour. En attendant, lorsque nous fûmes en haut de ladite colline, nous entrâmes dans le cratère que nous voyions de loin déjà, et qui est tout entier composé de pans de rochers perpendiculaires, tout en véritables cendres mélangées d'argile et souvent recouvertes d'une couche de pierres calcinées : l'ouady est très-étroit et rempli de blocs de rochers gigantesques dispersés partout, ce qui ajoute à la sauvagerie du lieu. N'ayant pas les mêmes engagements à tenir que le personnage biblique célèbre, nous voulions dire adieu à cette mer Morte, que nous aimions comme on aime souvent les choses ou les personnes auxquelles on doit d'avoir souffert : pour nous saluer, elle s'était parée de ses plus beaux atours.

Le soleil se couchait à droite, éclairant d'une véritable teinte de flammes ardentes les rochers noirs de Moab; à leur pied on voyait une fraction assez petite des eaux de la mer d'un vert foncé; le reste du lac était caché à nos yeux par des rochers, et un nuage noir immense que le beau temps repoussait au Nord et qui, éclairé par le soleil, était devenu opaque, nous dissimulait toute l'extrémité septentrionale du lac. Un arc-en-ciel admirable encadrait ce tableau extraordinaire; les nuages s'étaient entr'ouverts, et au travers de la lumière qui venait en dorer les contours, nous pouvions apercevoir le bleu le plus pur. Tout était étrange dans ce panorama bizarre, et nous croyions assister à l'embrasement des villes maudites. Afin que l'impression fût complète, le soleil se cacha très-rapidement, la vue disparut comme au coup de baguette d'un enchanteur, et une teinte uniformément sombre enveloppa la mer Morte, Seboïm, Sodome et Zoar!

On mit les tentes au fond de l'ouady appelé En-Nedjid, dans un cirque dont les parois avaient environ mille pieds de hauteur, et en cherchant des insectes, en remerciant nos Arabes de leur fidélité, nous attendîmes le moment de nous mettre à table. Hamdan n'était plus le même homme, son sourire était revenu, il avait remis nonchalamment sa grande habayah sur ses épaules, et son kafieh, abattu depuis douze jours, avait repris la forme d'un turban pour entourer son beau visage. Quant à nous, nous n'avions pas de turbans à reconstruire, mais nous regardions avec inquiétude l'état de nos vêtements, que l'obligation où nous avions été de ne pas les quitter une seule fois, avait rendus méconnaissables ; puis de nos vêtements nous portions les yeux avec une jouissance bien légitime sur nos caisses en bon état et notre riche herbier ; puis enfin, allumant nos pipes, nous arrivions à ne penser plus à rien !

Le lendemain matin, Abou-Daouk voulait absolument nous faire aller chez lui et passer la nuit dans son campement ; mais nous avions hâte d'abréger notre retour à Jérusalem, nous étions très-fatigués et avions peu envie de perdre une journée inutilement. Nous sortîmes donc du cratère où nous avions campé pour remonter à l'Ouest les montagnes qui nous séparaient d'Hébron : au sortir du camp, nous rencontrâmes tout d'abord un bloc de rocher en cendres calcinées, d'environ soixante pieds de hauteur sur soixante de largeur ; sur ce rocher s'élève une construction à moitié détruite, en apparence du moyen âge ; au pied de cette ruine, carrée et assez grande, deux citernes rectangles sont creusées dans le roc, mais elles étaient vides pour le moment. Le rocher qui entoure et touche presque à ce globe isolé est percé au Sud d'une sorte de fenêtre précédant une petite chambre et ressemblant fort à une meurtrière. Enfin, cet endroit s'appelle Zouera-el-Fouqah, ou la Zoar supérieure. Peut-être au-dessous de ces constructions sont enfouies d'autres ruines qui portaient le même nom que celles de la plaine, avec l'épithète *supérieure* ajoutée seulement.

De Zouera-el-Fouqah, nous achevâmes de gravir la montagne, en recueillant une plante* qui a les mêmes propriétés hygrométriques que la rose de Jéricho, mais qui mérite bien mieux qu'elle le nom de rose, car elle y ressemble beaucoup plus; la couleur de ses pétales est grise, et lorsqu'elle est épanouie, quand la pluie la mouille, son calice est d'un brun foncé; mais elle est tellement à fleur de terre, qu'il faut se baisser de très-près pour la voir. A propos de la rose de Jéricho, il faut que je vous raconte la légende qui a cours parmi les Arabes. Ils disent que *Setti Mariâm* ou mère de *Aïssa* (Jésus) faisait un jour sécher son linge sur des roses, et que Dieu ordonna à toutes celles que sa main avait touchées de ne jamais se flétrir; en effet, vous savez qu'en mettant une rose de Jéricho qui semble entièrement morte, dans de l'eau, elle s'ouvre peu à peu, se referme quand on la retire, mais conserve toujours inaltérable cette propriété curieuse de s'épanouir au contact du liquide. C'est ainsi que les Arabes ont sans cesse de ces traditions pleines de grâce, dont les figures sans nombres, empruntées à

* Notre plante a reçu le nom de *Saulcya*.

la nature et qui enrichissent leur langue, donnent tant d'attrait à leur poésie. J'ajouterai ici que certains botanistes ont prétendu que c'était le vent du désert qui apportait la rose de Jéricho ; ils sont dans l'erreur, car nous l'avons trouvée nous-mêmes tenant au sol par une racine d'une longueur environ double de celle de la plante ; de plus, nos Arabes nous ont dit l'avoir vue en fleur.

En haut de la crête, nous entrâmes dans une vallée très-ouverte mais complétement nue, bordée des deux côtés par des montagnes dont les parois calcinées nous indiquaient assez la nature ; à gauche, une grotte était en vue, à moitié d'un rocher noirâtre ; c'est la grotte où Loth s'est retiré, dit-on, avec ses filles. Permettez-moi ici de vous renvoyer à la Bible pour la fin des aventures de ce malheureux père ; elles sortent du cercle que je me suis tracé dans ce récit, et d'ailleurs, vous me trouveriez inconvenant si j'étais plus explicite.

Nous tournâmes un peu à droite du fond de cette vallée, pour nous enfoncer dans des gorges resserrées, mais sans aucune végétation. Ces gorges portent le nom de *Ouad-et-Taemeh*. Ce nom nous frappa tout d'abord ; puis, une demi-heure après, un défilé se présenta, assez ouvert, mais évidemment bouleversé par des éruptions volcaniques; les rochers avoisinants ont des teintes violettes et cuivrées comme celles d'un terrain brûlé depuis peu : c'est Souk-et-Taemeh (ou marché d'Adama) (12). C'était donc la quatrième ville de la Pentapole dont nous foulions aux pieds l'emplacement. Au sortir de l'*Ouad-et-Taemeh*, nous fûmes assaillis par une pluie mêlée de grêle et amenée par un vent d'Ouest fort bas et violent; la marche était très-dure, et nous fûmes immédiatement hors d'état de continuer nos récoltes, et Saulcy de faire sa carte. Notre route était à l'ouest, voilà tout ce que je puis vous dire, et nous franchissions des collines rondes qui s'abaissaient et perdaient à chaque minute de ce caractère extraordinaire des montagnes que nous avions habitées pendant toute notre expédition. La grêle devint bientôt si insupportable, que les chevaux ne voulaient plus avancer, et que, tournant leur tête dans le sens opposé, il nous fallut attendre, immobiles et transpercés, que la tourmente fût calmée; à la grêle succéda une averse qui ne nous quitta plus jusqu'au soir. Saulcy était au désespoir d'être hors d'état de continuer son travail; mais à l'impossible nul n'est tenu, et c'était bien l'impossible. C'est à peine si nous pouvions retenir autour de nous nos manteaux, et diriger nos pauvres montures éreintées.

Nous espérions gagner Hébron le soir, mais force fut de camper au pied d'une montagne boisée, et dans un endroit voisin de rochers percés en cavernes et en grottes qui ont l'air d'être sépulcrales; c'est Djembeh. Ces grottes ont beaucoup de rapport dans leur ordonnance avec les constructions druidiques qu'on rencontre en Bretagne, par exemple. On alluma d'immenses feux, et nous nous séchâmes un peu; la pluie s'était arrêtée momentanément, mais nous étions assez mal en train, par suite du déplorable temps qui nous avait accompagnés depuis le matin. C'était à Djembey que devait nous quitter Abou-Daouk; mais, nous avions pris tant d'amitié pour le vieux Bédouin, qu'avant de partir, nous payâmes ses hommes, et que, quant à lui, nous lui demandâmes de venir avec nous jusqu'à Jérusalem, pour y recevoir la récompense de ses services. En effet, nous donnâmes une grasse solde à ses soldats qui nous avaient si bien défendus, et, leur promettant sans rien spécifier de revenir leur faire une visite dans un avenir certain, nous congédiâmes la moitié de notre escorte; les Bédouins s'en allèrent alors à leur campement, et nous, à peine reposés et mouillés encore, nous remontâmes à cheval pour franchir les dernières montagnes qui précèdent El-Khalil. A peine partis du campement, le même vent et la pluie de la veille recommencèrent, notre bonne étoile semblait pâlir, et c'était comme si la Providence, en échange des chances d'être pillés qu'elle nous enlevait, voulait nous imposer des vexations d'un autre genre. Cependant, nos aventures, de ce côté, n'étaient point encore à leur terme, car, à trois quarts d'heure de Djembeh, en passant un ravin assez escarpé, une vingtaine de Bédouins en armes accoururent d'un campement que nous ne voyions pas; le frère d'Abou-Daouk courut à eux et leur dit simplement : « Ce n'est pas de la viande à manger pour vous, mes amis, tenez-vous tranquilles, » et nous continuâmes sans être inquiétés.

Nous prîmes alors une direction Nord, au milieu de ruines qui se présentaient très-fréquemment, la plupart sans nom, mais d'une époque fort ancienne; deux seulement étaient connues de nos hommes, l'une appelée Omm-el-Aâmid, *la mère des Colonnes*, et l'autre une tour carrée du temps des croisades, nommée Kourmoul, au pied de laquelle sont des fragments de colonnes. Nous étions rentrés dans ce pays de la Judée que nous connaissions si bien, pays grisâtre, monotone et triste; nous retrouvions la végétation rabougrie de ces contrées peu fertiles; à peine, de temps à autre, un petit champ labouré venait-il nous annoncer que nous rentrions sur des territoires habités : d'ailleurs, l'aspect du ciel nuageux et sombre nous disposait mal à jouir des points de vue divers : nous n'avions plus qu'une pensée, Hébron ! et une maison autre que nos tentes, dont le séjour commençait malgré nous à nous sembler désagréable par le vent et la pluie. Ces maudites collines se succédaient sans fin, la mauvaise humeur de l'impossibilité où nous étions de poursuivre nos recherches, commençait à nous prendre, et nous allions devenir ingrats envers le sort, lorsqu'en tournant un mamelon désert et rocailleux, nous aperçûmes des oliviers superbes et les minarets d'une petite ville charmante. Une demi-heure après, nous entrions dans la maison d'un chrétien d'Hébron, et nous attendions, ruisselants d'eau et mourants de faim, nos bagages et notre déjeuner. Ils ne tardèrent pas à venir, et, à deux heures, nous étions tous assis autour d'un immense réchaud rempli de charbons ardents qui nous rendaient la vie et la gaieté.

Je vous ai amenée, un peu vite peut-être, Madame, dans la maison du chrétien d'Hébron, sans vous parler de la ville en elle-même et de son apparence ; elle occupe le milieu d'une petite vallée dont les flancs sont couverts de terrasses et de jardins se dominant les uns les autres, invariablement entourés d'oliviers séculaires ; une grande mosquée et une quarantaine, stupide institution créée pour la vexation des voyageurs, voilà les monuments de cette ville. Vous me dispenserez de vous raconter tous les souvenirs qu'Hébron rappelle, et dans lesquels Abraham joue le premier rôle; d'autres l'ont fait en grands détails, et je m'en rapporterai à eux. Avant d'entrer, on nous avait demandé d'où nous venions, afin de bien s'assurer que nous n'étions pas atteints d'une maladie contagieuse; puis, satisfaits de notre apparence de santé, les gardiens nous avaient ouvert les portes de la cité, d'un air très-méfiant encore; le scheikh d'Hébron vint nous faire une visite à quatre heures, mais celui-là est soumis à l'autorité turque, et il venait simplement nous souhaiter la bienvenue avec un désintéressement, qui, pour être obligatoire chez lui, n'en était pas moins nouveau pour nous : aussi fûmes-nous très-flattés de sa visite. La soirée ne se prolongea pas très-avant, car je ne connais rien qui fatigue autant que d'avoir été mouillé. La plume tombait des mains de Saulcy, et je pouvais à peine tenir mes yeux ouverts pour piquer le peu d'insectes ramassés malgré les averses.

Nous occupions une chambre dans laquelle le vent ne pénétrait que par une seule fenêtre, et cette absence de courants d'air nous paraissait une amélioration sensible ; mais les apparences, dans les maisons d'Orient, sont bien trompeuses, et les ennemis qu'elles renferment bien fins, car notre sommeil fut fort agité, malgré notre fatigue. A notre réveil, nous eûmes un de ces chagrins domestiques que des collectionneurs seuls peuvent apprécier à leur juste valeur : nous avions tué dans le Rhôr Safieh un petit colibri, ou plutôt un sucrier magnifique, et, ignorant que nous en aurions d'autres aux environs de Jéricho, nous soignions avec amour notre oiseau, dont la présence dans ces parages est un fait intéressant pour l'ornithologie; mais, pour notre malheur, nous désirâmes exposer cette conquête à l'air, afin qu'elle ne se gâtât pas étant renfermée, et le matin du 25 janvier, il ne restait de notre colibri qu'une plume et une patte. Ce ne pouvait être ni nos Arabes, ni les muletiers qui avaient dévoré le pauvre animal; il était si petit que c'eût été un bien maigre régal pour eux : nous n'avons jamais connu le coupable, mais notre douleur était grande; peut-être était-ce un chat, car il y en avait dans la maison : cette supposition ne manque certainement pas d'un certain fondement ! Comme c'était notre dernier jour de marche, nos muletiers ne nous firent pas attendre et encombraient la rue dès l'aube pour charger nos bagages ; profitant avec empressement de cette bonne volonté à laquelle ils ne nous avaient pas accoutumés, nous sortions d'Hébron à neuf heures du matin, par un chemin que les habitants appellent pavé, parce qu'il est semé de pierres et presque impraticable à cause de l'ordre bizarre dans lequel elles sont disposées. Le pays, depuis Hébron, ressemble beaucoup à celui que nous avions parcouru la veille; cependant, il faut être juste, il y avait plus de verdure et nous avons traversé des ruisseaux bordés d'arbres en pleine végétation.

A une heure, après force collines et force vallées ennuyeuses à périr, nous aperçûmes les vasques de Salomon, auprès desquelles nous déjeunâmes. Ce sont trois immenses piscines rectangulaires placées les unes à côté des autres, qui servaient jadis à porter de l'eau à Jérusalem; on les prête à Salomon, je ne sais pourquoi; il est possible qu'il ait eu l'idée de les creuser, mais à coup sûr ce n'est pas lui qui les a fait faire telles qu'on les voit aujourd'hui; car elles sont d'une construction toute romaine, et certes la confusion entre les architectures de ces deux époques n'est pas possible. Toujours est-il que ce sont de beaux travaux, bien exécutés; une source d'eau très-abondante alimente les citernes, et un bâtiment du moyen âge placé derrière les commande toutes les trois. Nous ne nous sentions pas de joie d'approcher de Jérusalem, mais nous avions une certaine allure régulière et fort lente, que le cheval de Saulcy nous avait fait adopter, de façon que nous atteignîmes Beit-Lehm à trois heures et demie et que le soleil baissait prodigieusement lorsque les murailles de Jérusalem nous apparurent. Au dernier tournant, derrière lequel la mer Morte devait encore se laisser voir un instant, nous déchargeâmes nos fusils dans la direction de Karak, fanfaronnade d'un goût médiocre, mais que nos scheikhs considérèrent comme un trait d'esprit fort piquant; et ce petit incident nous rehaussa encore beaucoup dans leur estime. La journée finissait d'une manière superbe et le ciel était sans nuages. Nous traversions à cinq heures et demie la vallée de Hinnom, et à six heures, au moment où le soleil disparaissait derrière les montagnes de Judée, nous étions au Bab-el-Khalil ou *porte d'Hébron*. Nous y fûmes reçus d'abord par notre bon abbé Michon, qui avait sacrifié à l'amitié le désir le plus vif de partager nos fatigues et nos privations, pour ramener à Beyrouth le fils de Saulcy, hors d'état de continuer le voyage, à cause de fièvres prises en Grèce. Avec lui, une foule assez nombreuse était venue pour nous voir rentrer de la mer Morte, et pour des gens apathiques comme les Turcs et les Arabes, c'était assez dire que nous venions de faire une course dont les chances étaient grandes. Enfin, tournant l'angle d'une rue étroite et sale qui se trouve à vingt pas du Bab-el-Khalil, nous mîmes pied à terre dans la cour du couvent de Casa-Nuova, pour n'en plus sortir qu'à peu près restaurés. Nous voilà donc de retour à Jérusalem, Madame, après l'expédition la plus curieuse et la plus intéressante.

Comme résultats scientifiques nous rapportions avec nous la collection complète des roches de ce bassin inexploré, l'herbier de tout le règne végétal si riche du Rhôr-Safieh, de el-Mezrâa, des sources du bord de la mer et du pays de Moab, l'entomologie entière de toutes ces contrées. Comme archéologie, nous avions retrouvé les traces d'un genre d'architecture tout nouveau et non décrit, dans les chapiteaux de Tedoum et de Schihan; comme géographie, Saulcy avait la carte parfaitement exacte de toute la rive Occidentale, Sud et Orientale de la mer Morte, jusqu'à l'ouad-el-Moudjeb où coule l'Arnon, et qui n'est qu'à six lieues peut-être de l'extrémité septentrionale de la mer. Quant aux villes de la Pentapole, nous en avions retrouvé quatre, Seboïm, Sodome, Zoar et Adama; dans une excursion postérieure, à Jéricho, et que je vous écrirai plus tard, nous retrouvâmes Gomorrhe sous le nom de Goumran, où plusieurs voyageurs avaient déjà été sans jamais la voir. Pour les observations de mœurs, elles sont uniformément défavorables aux Bédouins, mais vous avez dû me trouver souvent en contradiction avec moi-même; car je les ai tantôt beaucoup exaltés et tantôt condamnés d'une façon impitoyable; dans les deux cas j'étais véridique, j'en prends à témoin tous mes compagnons. Leur caractère est le mélange le plus incompréhensible de sentiments nobles et bas, de fierté et d'impudence. Vous les verrez discuter leurs services piastre par piastre, ne laisser échapper aucune occasion de se faire donner de l'argent ou des présents; mais quand ils ont juré devant Dieu de vous servir et de vous garder, ne reculer devant aucune privation, courir en chantant et sans rien calculer au-devant du danger, infatigables dans la veille et dans la marche, d'une sobriété inouïe. C'est là ce qui vous expliquera peut-être, comment ils sont si attachants malgré leurs vices qui les font parfois détester; et cette impression est si sincère que je me prends sans cesse à avoir des souvenirs d'amitié très-vifs pour eux, quand je me rappelle les journées passées dans leurs campements.

J'ai parlé de dangers dans le courant de mon récit, ce n'est point pour me rendre intéressant le moins du monde, mais parce qu'ils ont été nombreux et souvent très-sérieux; aussi n'ai-je pas pu résister au désir de vous les raconter; je sais bien le proverbe : « A beau mentir qui vient de loin ! » Mais je compte sur votre amitié pour ne pas croire une minute que j'aie pu exagérer en aucune façon mon récit; ensuite si une personne bienveillante, comme il y en a tant, venait vous dire que nous profitons du bénéfice que nous accorde le proverbe, répondez-lui que du temps de Pline les bords de la mer Morte étaient considérés comme des plus dangereux, et qu'ils n'ont pas changé, tant s'en faut. Puis, si cette même personne insistait, soyez assez bonne pour la prier d'aller s'assurer par elle-même de tout ce que je vous ai raconté des mœurs bédouines, et de vous rapporter ensuite sa réponse. On vous objectera, je le sais, que pas un de nous n'a péri, ou n'a même été blessé, la raison est spécieuse : mais lorsqu'on est exposé à la mort, faut-il absolument, pour que la raison vulgaire soit satisfaite, être tué? Pour moi, j'avoue que je ne le crois pas.

Aussi bien je ne veux pas insister et vous ennuyer plus longtemps de mon bavardage; je suis de retour à Paris et bien réconforté de mes misères, mais je ne puis vous dire avec quel bonheur je me reporte sur les bords de la mer Morte, dans cette tente si joyeuse et si animée, au milieu de cette existence composée tout entière d'aventures et d'émotions, et combien je me sens alors pris de désirs immodérés d'en jouir encore. Quant à ces désirs, l'avenir en décidera, et je ne suis pas encore assez reposé pour vouloir trop rapprocher l'avenir.

Adieu, chère Madame, croyez à mes bien affectueux sentiments.

FIN.

NOTES

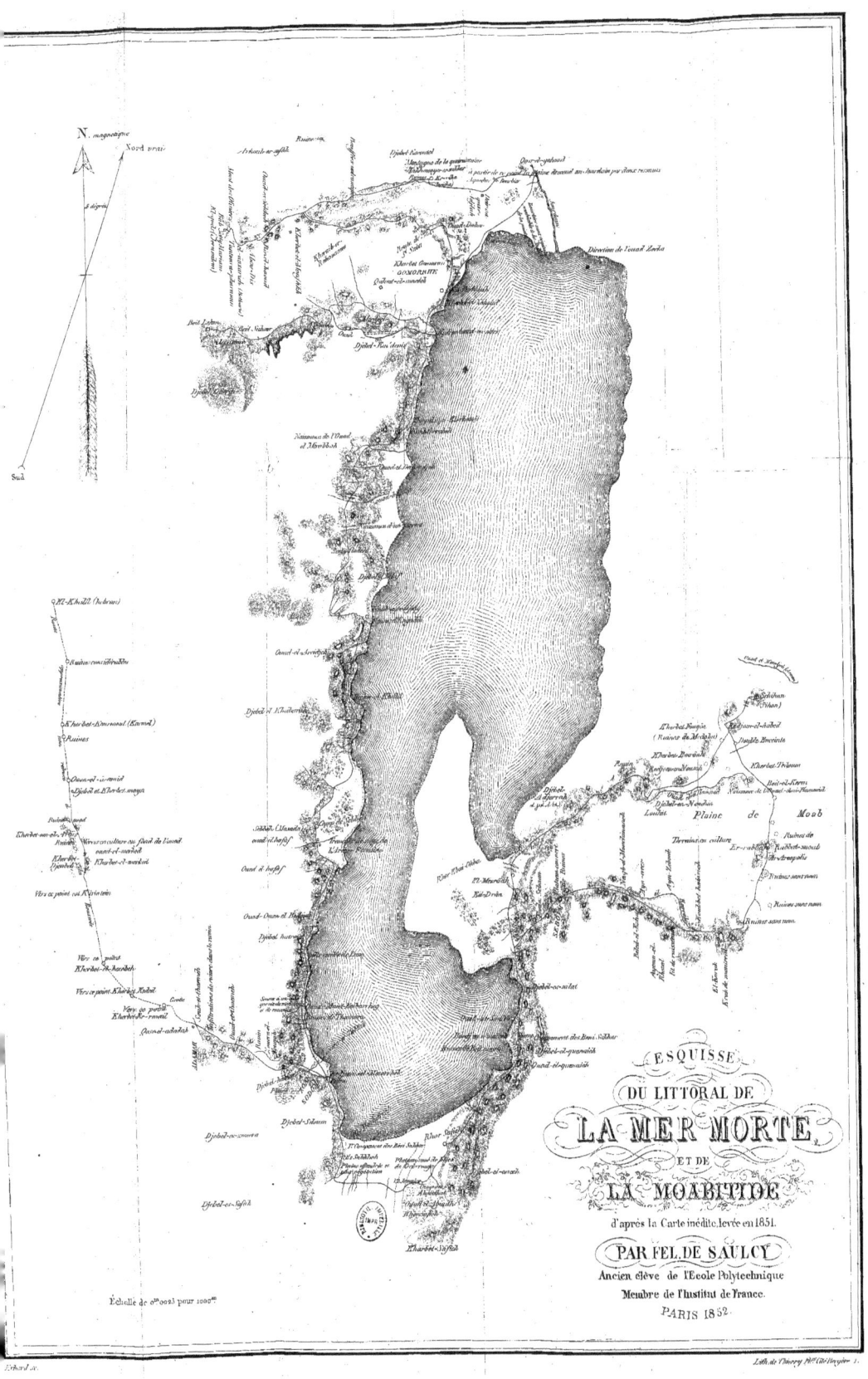

NOTE 1

BIAR-DAOUD

Page 17.

Les *puits de David* sont situés à quelques centaines de mètres au nord de Beit-Lehm, à gauche de la route qui conduit de Jérusalem au couvent de la Nativité. Trois puits, creusés dans le roc, ouvrent sur des citernes communiquant probablement entre elles. Des rigoles réunissent les orifices des puits, et ont servi à l'écoulement de l'eau qui en était extraite. Autour des Biar-Daoud le terrain est semé de petits cubes de mosaïque, dont la présence atteste l'existence, en ce point, de quelque édifice somptueux qui n'aura pas laissé d'autre trace.

Le nom que portent ces puits donne lieu de penser que ce sont ceux dont parle la Bible (Chroniques, I, xi, 17), en les désignant ainsi : La citerne de Beit-Lehm, qui est à la porte. On se rappelle que David, bloquant les Philistins dans la forteresse de Beit-Lehm, eut envie de boire de l'eau de cette citerne. Il y avait un péril certain à aller puiser cette eau, car il fallait traverser les postes ennemis. Trois des soldats du saint roi n'hésitèrent pas à exposer leur vie pour donner cette satisfaction à leur maître. Ils lui rapportèrent l'eau qu'il avait désirée, et le monarque, honteux d'avoir mis en péril la vie de trois de ses serviteurs, pour satisfaire un véritable caprice, ne voulut pas boire cette eau, qui aurait pu lui coûter si cher; il en fit une libation devant l'Eternel.

David avait alors à Hébron le siége de son autorité; il devait donc attaquer Beit-Lehm par le sud et l'ouest, et non par le nord. Ceci explique les difficultés que ses trois braves soldats eurent à vaincre pour arriver jusqu'à la citerne. Il y a donc toute probabilité en faveur de l'hypothèse que les Biar-Daoud sont bien réellement percés au-dessus de la citerne dont il est question dans le passage biblique que je viens de rappeler.

NOTE 2 *

COUVENT DE MAR-SABA

Page 21.

Ce couvent est indubitablement situé au milieu du pays qu'habita jadis la secte judaïque des esseniens. Les grottes dans lesquelles vivaient ces communistes d'il y a deux mille ans, sont percées en quantité innombrable dans les flancs escarpés du Kedron. La plupart d'entre elles offrent encore des traces des murailles de clôture dont elles étaient munies. La tradition arabe n'a conservé qu'un seul fait relativement à ces grottes : c'est qu'elles furent habitées par des Juifs, et creusées peut-être par eux. Sur l'emplacement même du couvent, ou, plus exactement, dans une tranchée pratiquée entre le couvent proprement dit et le Deïr-el-Benat, on retrouve des files entières de cubes de mosaïques très-irréguliers et d'assez forte dimension ; ils sont tout à fait semblables à ceux

---

* Cette note aurait dû être indiquée à la page 21 où elle s'applique.

qui proviennent du temple de Jérusalem. La mosaïque de ce genre est certainement d'une époque très-reculée ; il est donc certain que le couvent de Mar-Saba s'est élevé sur les restes de quelque édifice très-antique, peut-être sur celles du sanctuaire qui était particulièrement destiné aux esseniens, et dont un précieux passage de l'historien Josèphe nous révèle l'existence. On sait en effet par lui que les esseniens, tout en envoyant parfois des présents au temple de Jérusalem, n'y venaient jamais prier en personne, et réservaient toutes les cérémonies de leur culte, pour le lieu saint qu'ils s'étaient eux-mêmes choisi. L'emplacement de Mar-Saba, au milieu du pays des esseniens, convient parfaitement à ce temple spécial.

NOTE 3

OUAD ET BELAD-HAÇAÇA

Page 36.

Lorsqu'on remonte par le Nakb-et-Therabeh, de la plage de la mer Morte dans le haut pays, on coupe plusieurs grandes vallées abruptes, qui ne sont, à vrai dire, que des déchirures du terrain, servant de déversoir aux plateaux de Canâan pendant la saison des pluies. L'une d'elles, située à mi-route à peu près entre l'Ayn-et-Therabéh et l'Ayn-Djedy, se nomme Ouad-Haçaça. Il n'est guère possible de se méprendre sur l'origine de ce nom, qui s'est transmis de génération en génération depuis les temps les plus reculés. La Bible nous apprend que le nom primitif d'Ayn-Djedy fut Hasason-Thamar (Genèse, XIV, 7 ; Chroniques, II, XX, 2.) Je n'hésite donc pas à reconnaître la trace de cet antique nom dans celui que porte un ouad qui vient précisément déboucher sur la plage de la mer Morte, près d'Ayn-Djedy.

NOTE 4

SODOME

Page 78.

L'annonce de la découverte des ruines de Sodome a été le signal d'un *tolle* frénétique lancé contre moi par certains savants, dont cette découverte dérangeait les théories toutes faites depuis nombre d'années. A leur avis, Sodome devait être au fond du lac Asphaltite, elle n'avait pas le droit d'être ailleurs. Il était bien vrai que le prophète Sophonie, que l'historien Josèphe et le géographe Strabon, sans compter beaucoup d'autres, leur donnaient un démenti formel; mais qu'importent des témoignages gênants! On les néglige, c'est plus simple; on les conspue, et l'on n'admet, comme monnaie courante, que ceux qui abondent dans le sens que l'on a choisi, c'est-à-dire que ceux qui mettant la logique de côté, ne tiennent aucun compte des observations faites sur place. On tranche alors les questions de ce genre en disant implicitement : Il faut me croire et se bien garder d'y aller voir. On aura beau dire et beau faire, Sodome était bien là où les Arabes sont unanimes pour la placer, là où des ruines énormes existent encore, méconnaissables pour ceux-là seulement qui veulent les méconnaître. Sur le flanc nord de la montagne de sel, plusieurs mamelons considérables sont couverts des débris d'une ville très-grande, que les Arabes nomment Sdoum. Le Redjom-el-Mezorrhel, amas de pierres de taille, situé sur la plage même et au pied de la montagne de sel, a fait très-probablement partie de la ville. Si l'on ne veut pas que ce soit là Sodome, je demande simplement quelle ville ce peut être, et quel peuple aurait eu, depuis la catastrophe de la Pentapole, l'idée incroyable d'établir, loin de toute eau potable, une ville sur du sel dans lequel il devenait dès lors impossible de creuser des citernes. Jusqu'à ce que l'on ait répondu à cette double question, je me permettrai d'affirmer que les ruines de Sdoum sont bien celles de la Sodome biblique.

NOTE 5

EMBARRHEG

Page 88.

A mi-route entre Sebbeh (Masada) et Sdoum (Sodome) se trouve un ouad large et profond, qui porte le nom d'Ouad-el-Maïet-Embarrheg. Sur ses deux flancs apparaissent des ruines nombreuses, et entre autres celles d'un petit fortin rectangulaire, de construction analogue à celle de la piscine de Besetha, des citernes d'El-Bireh et des édifices de Masada, c'est-à-dire de construction judaïque de l'époque d'Hérode le Grand. Tout près de là se trouve la plus magnifique source, dont la présence explique à merveille celle des ruines d'une ville antique. Ptolémée cite vers ce point une localité nommée Thamaro, qu'Eusèbe cite à son tour sous le nom de Thamara, et qui contenait une garnison romaine (4e cohorte des Palestins). En construisant les longitudes et les latitudes de Jérusalem, d'Ayn-Djedy et de Thamaro, données par Ptolémée, il se trouve que cette dernière ville retombe exactement sur le point où sont situées les ruines du Qalâat-Embarrheg. Si l'on remarque de plus que le nom moderne Embarrheg, que la liaison *t* réunit aux mots Maïeh et Qalâat, devient ainsi Tembarrheg, on est fort tenté de croire que ce nom présente une simple altération du nom primitif Thamara. M. le colonel Lapie a cherché l'emplacement de Thamara sur celui même de Sodome, au Redjom-el-Mezorrhel, et il s'est très-certainement trompé. A Sodome, il n'y a plus une goutte d'eau à boire, et les Romains, pas plus que les Juifs, n'eussent eu la malencontreuse idée de placer là une station militaire. Remarquons de plus que Thamara signifie palmes ou palmiers, et qu'une ville nommée Palmer existait encore à l'époque des croisades vers ce même point. Guillaume de Tyr confond Palmer avec Zoar. Mais ce peut être une erreur. D'ailleurs, l'armée expéditionnaire de Baudouin vers l'Arabie (en 1100) passa par Palmer en venant d'Ayn-Djedy, et il semble plus naturel d'admettre que cette armée ne fit pas un détour réel pour aller se loger à Zouera-et-Tahtah. Quoi qu'il en soit, je ne doute pas que les ruines d'Embarrheg ne soient celles de Thamara.

NOTE 6

EN-NEMAIREH

Page 114.

Entre le Rhôr-Safieh et la presqu'île d'el-Mezrâah, nommée aussi El-Liçan, se trouvent des ruines très-considérables, nommées Kharbet-en-Nemaïreh ; ce sont sans aucun doute les vestiges de la localité biblique, nommée Nimrin dans les prophéties d'Isaïe et de Jérémie contre Moab. Nimrin est devenue plus tard Bennamerium ou Bennemarim d'Eusèbe et de saint Jérôme, ces deux derniers noms n'étant que des altérations évidentes d'un nom primitif Beit-Nimrin, maison des tigres, ou mieux, des panthères.

Ces ruines ne sont pas les seules qui existent sur la rive moabitique de la mer Morte, et elles se relient en quelque sorte à d'autres ruines extrêmement considérables, qui se présentent au lieu nommé Tâala-Sebâan. Dans celles-ci je retrouve, à n'en pas douter, les traces de la Seboïm de la Pentapole, détruite en même temps que Gomorrhe et Sodome.

NOTE 7

REDJOM-EL-AABED

Page 129.

Vers la pointe nord-ouest du plateau de Moab, et sur les flancs de l'Ouad-el-Qenaïeh, sont des ruines d'une ville très-considérable, nommées aujourd'hui Kharbet-Fouqoûa. Elles couvrent les deux bords d'une vallée peu profonde, qui vient recouper en ce point l'Ouad-el-Qenaïeh, et qui se nomme Ouad-Emdebêa. C'est évidemment là le site d'une localité mentionnée par Eusèbe et par saint Jérôme sous le nom de Damnaba, certainement corrompu pour Medaba. Cette ville se trouvait à huit milles romains au nord d'Areopolis (Er-Rabba), et la distance qui sépare Kharbet-Fouqoûa d'Er-Rabba est exactement celle-là. Le nom de l'Ouad-Emdebêa est décisif, et il n'y a pas de doute à conserver sur l'identification des deux localités.

C'est au milieu de ces ruines que se trouve le Redjom-el-Aabed, au pied duquel nous avons rencontré une belle stèle de basalte représentant un roi moabite frappant d'un javelot à large fer, probablement n captif, que la rupture de la stèle a fait disparaître. Ce morceau de sculpture, qui tient à la fois de l'art assyrien et de l'art égyptien, est digne de toute l'attention des archéologues.

NOTE 8

SCHIHAN

Page 130.

A une lieue et demie à l'est du Redjom-el-Aabed, et à 3 kilomètres en deçà de l'escarpement sud de l'Ouad-el-Moudjeb (l'Arnon), est une colline isolée couronnée par des ruines très-intéressantes. Ces ruines portent le nom de Schihan, et ce nom n'est autre chose que celui du roi des Amorites, qui, avant la venue des Hébreux, avait envahi toute la Moabitide, dans laquelle il ne put se maintenir. Il ne lui resta de sa conquête passagère que le terrain compris entre le Yabok et l'Arnon. Mais, peu de temps après, ce terrain lui fut enlevé par les Hébreux vainqueurs. Probablement ce roi construisit pendant son séjour dans la Moabitide un édifice religieux sur le sommet de la colline de Schihan qui dominait toute la Moabitide proprement dite. Ce fut donc là un haut lieu destiné au culte des faux dieux. Cette localité de Schihan est mentionnée dans les prophéties d'Isaïe et de Jérémie. Burkhardt, qui a passé en vue et à l'est de la colline de Schihan, dit que le sommet porte les ruines d'un village. C'est une grave inexactitude : ce sommet ne porte d'autres ruines que celles d'un édifice probalement religieux.

NOTE 9

ER-RABBA

Page 139.

Le nom de la métropole des Moabites se présente dans l'Ecriture sainte sous deux formes différentes. Ainsi, tantôt elle est appelée Ar, *la ville* par excellence ; tantôt Rabbat-Moab, *la capitale de Moab*. Plus tard, son nom devint Areopolis, qu'il ne faudrait pas traduire par *ville de Mars*, mais bien par ville d'Ar. Ses dominateurs, Grecs ou Romains, sans se douter que le nom Ar qu'ils entendaient appliquer à la ville par les indigènes, c'est-à-dire, pour eux, par les barbares, signifiait proprement ville, y ajoutèrent leur propre mot *polis*, croyant que la dénomination pléonastique qu'ils inventaient avait le sens de *ville d'Ar*. Le nom de ces ruines est aujourd'hui Er-Rabba.

Areopolis, dans les premiers siècles du christianisme, devint le siége d'un évêché. Un ou plusieurs tremblements de terre violents ont entièrement détruit cette ville, qui fut désertée à une époque assez reculée, puisqu'il n'en est plus question dès le commencement du xıı^e siècle (Foucher de Chartres, expédition de Baudouin contre Karak).

Parmi les ruines d'Er-Rabba, il est facile de distinguer les débris d'origine moabite de ceux qui appartiennent à la civilisation romaine. Les premiers sont presque toujours formés de blocs de lave noire, tandis que les ruines de l'époque romaine ne présentent que des blocs de calcaire beaucoup plus facile à tailler. Dans certains édifices, les deux systèmes de construction se présentent à la fois. Ainsi, à cent cinquante pas environ à l'est de la porte principale, on trouve une enceinte carrée dont le pavé est en blocs de lave, et les murailles, sauf quelques portions des assises inférieures, en blocs de calcaire. Cette même superposition se remarque dans les ruines de Schihan.

NOTE 10

SEBÂAN

Page 104.

J'ai mentionné déjà, à propos d'En-Nemaïreh, les ruines accumulées autour de Tâala-Sebâan, ou Semâan, ruines qui recouvrent une étendue de terrain très-considérable. A propos de ces ruines, placées à proximité du cratère horrible de l'Ouad-el-Kharadjeh, je ferai exactement la même question que j'ai déjà faite à propos des ruines de Sdoum. Quelle pourrait être la ville moderne qui aurait existé sur les bords de la mer Morte au point nommé Sebâan? Peut-être me répondra-t-on que c'est Bennamerium ou Bennemarim. Comme cette localité n'est désignée que comme un village, il ne faudrait plus alors qu'expliquer comment ce même village avait plusieurs kilomètres d'étendue. Tant que l'on ne m'aura pas rendu compte de cette dimension d'un village perdu sur les bords inhabitables en été de la mer Morte, je me permettrai de croire qu'à Sebâan j'ai foulé les décombres de la Sebôim de la Pentapole maudite.

NOTE 11

ZOUERA

Page 175.

Le récit de la Genèse est positif. Zoar était à proximité de Sodome, et tellement à proximité que Loth, échappant au désastre de la ville, partit au point du jour et entra à Zoar au moment où le soleil paraissait à l'horizon. Pour quiconque a voyagé en Syrie, l'intervalle entre ces deux moments est bien connu, et Loth, qui s'enfuyait à pied, n'a pu parcourir que moins d'une lieue; or, au point même où tous les écrivains s'accordent à placer Sodome, il se trouve deux localités jonchées de ruines de ville, situées à trois kilomètres de distance l'une de l'autre. La première s'appelle Kharbet-Sdoum (ruines de Sodome), la seconde Kharbet-Zouera-et-Tahtah (ruines de la Basse-Zouera). La première ville, placée sur le flanc d'une montagne de sel gemme, n'a pu avoir de citernes, ni d'eau de source; elle n'a donc pu exister qu'antérieurement au soulèvement de la montagne de sel. La seconde garnit deux mamelons assez bas, entre lesquels passe l'Ouad-ez-Zouera. Le texte biblique nous apprend que Loth insista auprès des anges pour qu'il lui fût permis de ne pas chercher un refuge dans la montagne, où la catastrophe pourrait l'atteindre et le faire périr, mais bien dans la petite ville de Bala ou Zoar. Zoar n'était donc pas dans la montagne, mais bien au pied, et la montagne elle-même devait être ébranlée et bouleversée par l'effroyable explosion volcanique qui détruisit la Pentapole.

A mi-côte, entre la plage de la mer Morte (plaine de Sodome) et le plateau sur lequel grimpe l'Ouad-ez-Zouera (ce plateau, à l'autre extrémité, donne accès à l'Ouad-et-Thaemeh), se trouvent les ruines d'un petit fortin de l'époque des croisades, et deux citernes creusées dans le roc. Une espèce de grotte casematée, taillée dans le rocher qui fait face au château, est munie de meurtrières et semble avoir servi à flanquer le château lui-même. En un mot, il y a là un système de défense de l'Ouad, établi probablement pour rançonner les caravanes et les voyageurs, peut-être par Renaud de Chatillon, sire de Karak, peut-être aussi par les soulthans mamlouks, ce qui semble peu probable, vu l'absence de toute inscription arabe dans le petit fortin. Cet endroit se nomme Zouera-el-Fouqah (Zouera-la-Haute) ; il est bien clair qu'il n'a de commun que le nom de Zouera avec la ville biblique que j'ai indiquée tout à l'heure, et qui a dû exister jusqu'à une époque assez rapprochée de nous, à en juger par les écrivains arabes et par les historiens des croisades.

NOTE 12

ET-THAEMEH

Page 181.

Lorsqu'on est parvenu à la crête de l'Ouad-er-Zouera, on traverse une petite plaine à l'extrémité ouest de laquelle on entre dans un ouad peu profond, mais horriblement tourmenté. C'est l'ouad-Et-Thaemeh. Très-probablement je n'eusse fait aucune attention à cette localité, qui ne me présentait pas de ruines, si mes guides arabes ne m'eussent fait faire une halte de quelques instants au milieu du plus affreux chemin, pour me dire : « Nous sommes ici sur l'emplacement du marché d'Et-Thaemeh (Souq-et-Thaemeh). Il y avait ici une ville qu'Allah détruisit dans sa colère, parce qu'elle était criminelle, et il n'en est resté que le nom. »

Avec cette tradition, que je ne demandais pas, et qui me fut offerte, il ne fallait pas un grand effort d'imagination pour entrevoir la possibilité de rapprocher le nom moderne Et-Thaemeh du nom biblique Adamah.

De la sorte s'expliquait toute seule l'insistance de Loth

à se défendre de monter dans la montagne pour y chercher son salut. Comme il lui fallait gravir l'ouad Ez-Zouera, il devait arriver, au terme de sa course, à Adamah, qui périssait en même temps que Sodome. Zoar qui, placée entre les deux villes condamnées, fut épargnée, n'était ni dans la plaine, ni dans la montagne. C'était en quelque sorte le seul point que la colère divine laissât comme refuge au patriarche, car il est au moins curieux de voir que les textes sacrés parlent d'un désastre qui atteint *toute la plaine* et *la montagne*.

FIN DES NOTES.

www.ingramcontent.com/pod-product-compliance
Lightning Source LLC
Chambersburg PA
CBHW051910160426
43198CB00012B/1825